JN039730

7

現代保育内容研究シリーズ

現代保育の理論と実践Ⅰ

現代保育問題研究会［編］

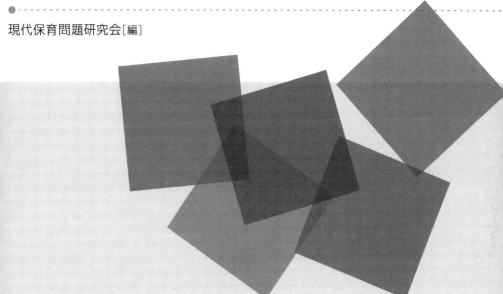

一藝社

現代保育問題研究会・趣意書

　現代保育問題研究会（以下、本会という）は、子ども・保育・教育に関する現代的な諸課題・諸問題に深い関心を持ち、その課題に取り組み、問題を解決しようとする有志によって構成される会である。

　現代は、過去と比して、子どもを育てる親・保育者・教育者にとって決して育てやすい環境とはなっていない。むしろ、確固たる信念を持ち、明確な子ども観、保育の思想、教育哲学を持たなければ、時代の悪しき潮流に容易に流される危険な状況にあるといえる。

　日々世間をにぎわす世界的な諸問題、例えば、政治経済問題、国際問題、人権問題等の教育への影響などは、保育者や教育者に、様々な、また深刻な諸課題をつきつけているといわざるを得ない。

　わが国においては、こうした諸課題に応えるため、学習指導要領、幼稚園教育要領、保育所保育指針などが公布・実施されている。しかし、保育者・教育者は、こうした方針・施策にただ盲従するだけでは、保育者・教育者としての使命を全うすることはできない。つまり私たちは、自身で各種課題、また様々な方針・施策に対する確固たる見方・考え方、つまり「哲学」を持ち、現実の諸課題に取り組まなくてはならないのである。

　本会では、このような現下の教育・保育に関する諸課題の解決に関心のある人々に対して、広く門戸を開くものである。

　本会の目的は、こうした有志のために、積極的かつ建設的な提言を発する場を提供し、その提言を広く世間に公表するのを支援することにある。とりわけ本会は、極めて重要な価値を持ちながら、公表・発信する機会に恵まれない論考の公開を、積極的に支援することを最大の使命と

している。

　この目的・使命にしたがい、本会では、偏狭な視野、また極めて特殊な政治的・宗教的信条に基づく見解を持つものを除き、本会の趣旨に賛同する者を、特段の手続きを経ずに、会員とみなすこととする。

　本会は、上記の目的を達成し、その使命を遂行するために次の事業を行う。

　　１．各種の調査研究

　　２．教育実践の推進

　　３．研究会等の開催

　　４．刊行物の発行支援

　　５．その他、本会の目的達成に必要な事業

　本会の所在地は、東京都新宿区内藤町1-6　株式会社一藝社内にあり、同所に事務局を置く。本会は理事発議により、必要に応じて会議を開き、重要事項（事業計画、事業報告、担当人事その他）を審議する。

　なお、本会の理事は別紙のとおりである。　（平成30年３月１日起草）

（別紙）

現代保育問題研究会・理事（順不同）

まえがき

　近年日本の保育は、保育内容、労働状況、保育者不足、養成課程の教科目など様々な問題を抱え、改善の検討が続けられている。保育内容に関しては、環境を通して子どもの主体性を大切にした保育を展開することが幼稚園教育要領、保育所保育指針、幼保連携型教育・保育要領（3法令）に示されている。とくに最近では、子どもの発達や興味・関心をもとに、子ども自身が活動を選択して日々を過ごす、いわゆる自由保育と呼ばれる保育形態をとる保育施設が急激に増えている。3法令に示された保育を実践することを目指す保育現場が増えてきていることは、子どもの可能性を伸ばす意味でも歓迎されることであろう。ただし、実態はまだまだ本当の意味での子ども主体、環境による保育が行われていない保育施設も多い。自由という意味をはき違えて、子どもの好きな遊びを漫然とやらせているということもある。3法令に記された保育を行うには、一人ひとりの子ども理解、発達の理解、環境設定のための知識、保育者の人間性や保育技術など、保育者の高い専門性が求められるため、現場の保育者も保育者養成に関わる養成校の教員もまだまだ研鑽（さん）を積まねばならないだろう。

　本書には、現代の日本の保育に必要な知識や意識の一端が含まれている。第1章は、子どもの権利条約や令和5年に施行されたこども基本法に触れながら、子どもの権利に関しての解説がなされている。最近は保育者による子どもに対する虐待がニュースでたびたび取り上げられている。保護者の意識の変化やSNSの発達などにより、これまで問題とならなかった保育者の言動が表面に出てくるようになったことも一因であ

ろう。この問題を、単に保育士（者）不足に原因を求めるべきではなく、保育者自身の倫理意識の甘さやゆがみが根底にあるのだと考えるべきではないだろうか。その意味でも、第1章は子どもの権利について正しく学ぶ機会を提供できるだろう。第2章は、絵本という教材の意義について考える機会を与えている。文部科学省が取り組んでいる幼児期から小学校へのスムーズな移行のための架け橋期プログラムについて、言葉という視点から検討を加える内容となっている。第3章は、子どもの心地よさに着目をしている。長時間を保育施設で過ごす子どもが増えている現状を考える時、子どもがそこで心地よく過ごせることは重要な問題である。心地よさとはなんであるか、人間関係や感覚、環境などの広い視点から述べられている。第4章は0歳〜3歳未満の子どもと保育者が絵本を通してどのようにかかわるか、といった内容について、保育所保育指針を基に解説を試みる内容である。0歳〜3歳未満は言葉が発現し急激に使える言葉が増えていく時期である。そのため保育者のかかわりによってより良い発達を促す必要があるわけだが、その一助としての絵本の活用についてあらためて考えることができるだろう。第5章は子どもの音楽的発達について解説を加えつつ、子どもの音楽的表現の発達を保育者がどのように援助していくか、といった問題について触れている。保育現場では現在も保育者がピアノを弾いたり歌を歌ったりする場面が多くある。子どもが思わず歌いだしたくなるような環境を創出するためにはどうしたらよいか、様々な視点から丁寧に述べられている。

　このように本書は、保育者養成校のカリキュラムに含まれる科目に対

応するテキストではないものの、より高い専門性を培うためのサブテキストとしての使用に十分足り得る内容となっている。また、現場保育者にとっても、保育の質を高めるための一助となる内容となっている。多くの保育関係者に手に取ってもらえれば幸いである。

　令和5年4月に子ども家庭庁が発足し、「こどもまんなか社会」の実現に向けて踏み出したところである。にもかかわらず、保育現場は保育者不足、低賃金、重労働、といったイメージが強く保育や教育を志す若者が減少している傾向がある。問題は山積みであるが、保育という仕事は科学がどんなに発展しても人が行わなければならない行為であり、ますますその重要性が増していくことは疑う余地がないだろう。幼い子どもの成長を支える保育という仕事に価値を見出し、夢を持って進んで行ける保育者が増えていくことを願って止まない。

　最後に本研究会として、本書の企画から刊行まで全面的に後押しをしていただいた一藝社の菊池会長、小野社長に心から感謝の意を表したい。

　2023年11月

編著　現代保育問題研究会

現代保育内容研究シリーズ7
現代保育の理論と実践Ⅰ ●もくじ

第1章　子どもの権利としての保育

第1節　子どもの権利とは

1　日本国憲法と子どもの権利

（1）基本的人権（憲法第11条）と個人の尊重（憲法第13条）

　日本国憲法は、第二次世界大戦終結翌年の1946年に公布、1947年に施行された、日本の法体系における最高法規です。

　第二次世界大戦においては、子どもも含めて多くの人々が命を落とすとともに、日本は焼け野原と化しました。そのような過ちを二度と起こさないために、日本国憲法が創られたとも言えます。

　基本的人権は、「国民は、すべての基本的人権の享有を妨げられない。この憲法が国民に保障する基本的人権は、侵すことのできない永久の権利として、現在及び将来の国民に与へられる。」として、憲法第11条に定められました。また、「すべて国民は、個人として尊重される。生命、自由及び幸福追求に対する国民の権利については、公共の福祉に反しない限り、立法その他の国政の上で、最大の尊重を必要とする。」として、憲法第13条においては、個人の尊重と公共の福祉について定められました。

　ここで注目しなければならないことは、基本的人権については、「現在および将来の国民」のすべてが持つという点です。基本的人権というのは言うまでもなく人間の基本的な権利ですが、日本の場合、子ども、特に乳幼児は保護者の従属物という感覚が強くありがちです。しかし、

日本国憲法では、将来の国民もまた基本的人権を持つのだと明記されています。すなわち、乳幼児、児童も含めたすべての国民が基本的人権を持ち、また個人として尊重されなければならないということなのです。同時に、国民は生命、自由、および幸福追求についての権利も有することが明記されています。

（2）平等原則（憲法第14条）

　日本国憲法第14条では、「すべて国民は、法の下に平等であって、人種、信条、性別、社会的身分又は門地により、政治的、経済的又は社会的関係において、差別されない。」として、平等の原則を謳っています。

（3）生存権（憲法第25条）

　日本国憲法第25条では、「すべて国民は、健康で文化的な最低限度の生活を営む権利を有する。」として、すべての国民の生存権を保障するとしています。

（4）教育を受ける権利（憲法第26条）

　日本国憲法第26条では、「すべて国民は、法律の定めるところにより、その能力に応じて、ひとしく教育を受ける権利を有する。」として、すべての国民が教育を受ける権利を有することが明記されています。

（5）日本国憲法で保障された子どもの権利

　以上見てきたように、日本国憲法においては現在の国民のみならず、将来の国民も含めたすべての人が、基本的人権を持つことが明記されています。それはすなわち、就学前の保育・教育の対象である乳幼児についても、基本的人権が認められなければならないということです。さらに、就学前の保育・教育にかかわるところでは、基本的人権を持つ乳幼児が、個人として尊重されながら、健康で文化的な最低限度の生活を保

障され、かつ教育を受ける権利を有するということなのです。

　日本国憲法の公布から80年近くを経た今日、日本国憲法に明記された国民の権利、中でも子どもの権利は保障されていると言えるのでしょうか。

2　子どもの権利条約（児童の権利に関する条約）

（1）子どもの権利条約の源流

　子どもの権利条約は、世界のすべての子どもたちが持つ権利について定めた条約で、1989年11月に第44回国連総会で採択されました。条約成立の過程で、子ども固有の権利を主張し、その草案を提出したのは、ポーランドでした。なぜ、ポーランドが子どもの権利にこだわったのでしょうか。

　第二次世界大戦時において、ナチス・ドイツを率いたヒトラー（Adolf Hitler）は、全体主義の体制を取り、ユダヤ人や少数民族を差別、排斥しました。その最大の被害国がポーランドであり、第二次世界大戦では人口の5分の1を失ったとされています。さらには、その約3分の1が子どもであったということです。

　ユダヤ系ポーランド人の小児科医であるコルチャック（Janusz Korczak）は、ポーランドにおいてユダヤ人、ポーランド人の子どもを対象とした孤児院の院長を務めていました。しかし、ナチスによるユダヤ人、ポーランド民族などの少数民族の絶滅計画が進む中、孤児院はユダヤ人の強制居住区域であるゲットーへの移動を余儀なくされ、その後コルチャックは、200人の子どもたち、孤児院のスタッフとともに絶滅収容所に送られ、最期を遂げました。

　コルチャックは、ポーランド王国の首都ワルシャワのユダヤ人弁護士の家庭に生まれました。比較的裕福な家庭でしたが、15〜16歳ごろに父親が精神的な病に倒れ、家庭教師をすることにより家計を助けることになったのです。家庭教師をする中で、コルチャックは教育問題に関心を

持ち、子どもへの興味を深めます。経済的な必要性から医学部に進学し、小児科医として働くことになりますが、子どもへの関心はなお深く、子どもの観察や探求を通して得たのが、「子どもはだんだんと人間になるのではなく、すでに人間である」ということでした。このようなコルチャックの子ども観に学び、ポーランドは「子どもの権利の尊重」を世界に浸透させなければならないという強い思いがあり、子どもの権利条約の草案をユネスコに提出することとなったのです。

（2）子どもの権利条約

　先にも述べましたが、子どもの権利条約は、世界のすべての子どもたちがもつ権利について定めた条約です。1989年11月、第44回国連総会において採択されました。現在、196の締約国・地域がこの条約を守ることを約束（批准）しています。日本は1994年に批准しました。

　子どもの権利条約は、子ども（18歳未満の人）が権利をもつ主体であることを明確に示しました。子どもが、おとなと同じように、ひとりの人間としてもつ様々な権利を認めるとともに、成長の過程にあるということにおいて、保護や配慮が必要な、子どもだからこそ認められる権利についても定めています。

　子どもの権利条約は以下に示す４つの原則によって表すことが出来ます。

① 　差別の禁止

　すべての子どもは、子ども自身や親の人種や国籍、性、意見、障がい、経済状況など、いかなる理由でも差別されず、条約の定めるすべての権利が保障されるということです。

② 　子どもの最善の利益

　子どもに関することが決められ、行われるときには、「その子どもにとって最も良いことは何か」ということを第一に考えるということです。

③　生命、生存及び発達に対する権利

　すべての子どもの命が守られ、もって生まれた能力を十分に伸ばして成長できるよう、医療、教育、生活への支援などを受けることが保障されるということです。

④　子どもの意見の尊重

　子どもは自分に関係のある事柄について自由に意見を表すことができ、おとなはその意見を子どもの発達に応じて十分に考慮するということです。

　子どもの権利条約は前文と54条からなりますが、1～40条に、生きる権利や成長する権利、暴力から守られる権利、教育を受ける権利、遊ぶ権利、参加する権利など、世界のどこで生まれたとしても、子どもたちがもっている様々な権利について定められています。

3　こども基本法

　2023年4月、日本においてはこども家庭庁が創設され、同時に「こども基本法」が施行されました。こども基本法の目的は、「日本国憲法及び児童の権利に関する条約の精神にのっとり、次代の社会を担う全てのこどもが、生涯にわたる人格形成の基礎を築き、自立した個人としてひとしく健やかに成長することができ、心身の状況、置かれている環境等にかかわらず、その権利の擁護が図られ、将来にわたって幸福な生活を送ることができる社会の実現を目指して、（中略）こども施策を総合的に推進することを目的とする。」と説明されています。こども基本法は、すべての子どもの基本的人権を保障するための理念法であり、こども基本法における「こども」とは、年齢で区切らず、心身の発達の過程にある人を指すということです。また、「こども基本法」の理念を浸透させる目的で、「こども」とひらがな表記を用いることを、こども家庭庁は推奨しています。

また、その基本理念は、以下の6点にまとめられています。

① 全てのこどもについて、個人として尊重されること・基本的人権が
　保障されること・差別的取扱いを受けることがないようにすること
② 全てのこどもについて、適切に養育されること・生活を保障される
　こと・愛され保護されること等の福祉に係る権利が等しく保障される
　とともに、教育基本法の精神にのっとり教育を受ける機会が等しく与
　えられること
③ 全てのこどもについて、年齢及び発達の程度に応じ、自己に直接関
　係する全ての事項に関して意見を表明する機会・多様な社会的活動に
　参画する機会が確保されること
④ 全てのこどもについて、年齢及び発達の程度に応じ、意見の尊重、
　最善の利益が優先して考慮されること
⑤ こどもの養育は家庭を基本として行われ、父母その他の保護者が第
　一義的責任を有するとの認識の下、十分な養育の支援・家庭での養育
　が困難なこどもの養育環境の確保
⑥ 家庭や子育てに夢を持ち、子育てに伴う喜びを実感できる社会環境
　の整備

　さらに、これらの責務については、国及び地方公共団体にあるとして、
こども家庭庁による法定白書の報告と、こども大綱案の策定等を計画し
ています。
　以上、子どもの権利について、「日本国憲法」「子どもの権利条約」「こ
ども基本法」を見てきました。
　人間の子どもは、直立二足歩行をするまでにおよそ1年を要すること
などから、人間以外の動物と比べると「生理的早産」であるとポルトマ
ン（Adolf Portmann）は考えました。人間は未熟な状態で生まれてく
るというとらえ方が浸透してきたことにより、私たちは子どもを未熟な、

援助されるべき存在であると考えてはいないでしょうか。

　本節で見てきた子どもの権利は、乳幼児も含め、子どもは基本的人権の主体者であるということを示しています。私たちおとなは、未熟である子どもに一方的に支持、指導するのではなく、すべての子どもの発達を等しく保障するために、子どもの思いを聴きとり、子どもの最善の利益を考慮する必要があります。

第2節　今日の就学前の保育・教育における子どもの権利の検討

1　制度としての就学前の保育・教育における子どもの権利の検討―幼保一元化の困難性―

　就学前の教育・保育を1本化しようとする取り組みは、今まで幾度となく繰り返され、実現しませんでした。

　こども園への1本化を目指し、多様に制度が工夫されてきたことも事実ですが、保育所、幼稚園それぞれの事情から制度としては三元化もしくはそれ以上に煩雑な制度となっています。

　2023年4月のこども家庭庁の設置については、少子化に歯止めをかけるべく、子どもにかかわる施策を一元的に取り扱う「こども庁」設置が出発点ではなかったかと思われます。しかしながら、就学前の主な子どもの生活の場である「保育所」「幼保連携型認定こども園」「幼稚園」について、「保育所」「幼保連携型認定こども園」はこども家庭庁所管、「幼稚園」は文部科学省所管となりました。

　幼保一元化については、一様に義務教育である小学校に入学する子どもたちが、それ以前の生活の場の違いによって、学びの内容が違っているとすれば、子どもに不利益が生じる可能性があるのではないかという

懸念もあり、取り組みの必要性が考えられました。しかしながら、第二次世界大戦後、「保育所」と「幼稚園」の位置づけが全く違うものとなっていきました。

　幼稚園は、1947年の学校教育法において制度化され、戦前の「家庭教育ヲ補フ」機能がはずされ、学校としての機能が重視される方向へ向かっていきました。一方保育所は、1947年の児童福祉法において児童福祉施設として位置づけられました。当初は、保育所は「日々保護者の委託を受けて、その乳児又は幼児を保育する施設」とされていましたが、1951年の改正により、「保育に欠けるその乳児又は幼児を保育することを目的とする施設」とすると定められ、「保育に欠ける」ことが入所の条件となりました。これにより、保護者が家庭にいる乳児又は幼児を保育所では預かることができなくなりました。この改正により、保育所は幼稚園とは異なる保育に欠ける乳児又は幼児の保護施設として位置づけされ、幼稚園と保育所の二元化がはっきりと固定化されたと言えます。また、その後の高度経済成長期には、日本においては専業主婦家庭が一般化するとともに、社会的・文化的な性役割分業（ジェンダー）が進展することとなりました。そのような背景も相まって、幼稚園と保育所の二元化は、益々強固なものとなっていったと考えられるのです。

　さらには、1990年の社会福祉基礎構造改革において、児童福祉施設である保育所には、いち早く「サービス」という概念が取り入れられました。それを受けて保育所は、「保育に欠ける」という保護者の社会的ニーズに対応すべく、サービス内容を充実させることを求められるようになり、子どもの保育時間は延長を重ねることとなったのです。

　その後、社会的、経済的変化の中で、昨今は共働き家庭が増加するとともに、単親家庭も増加しています。保育所においては、待機児童の解消という大きな課題を抱えてきましたし、保育士不足も深刻な課題です。一方、少子化により、幼稚園は特に地方において定員割れが深刻となっています。また、保護者の保育時間延長の要望に応じる形で、預かり保

育も拡大してきています。このように、機能的には幼稚園と保育所が類似してきたこともあり、幼保連携型認定こども園の構想が進められたとも考えられます。

しかしながら、長期にわたって強固に守られてきた、「学校としての幼稚園」と「保育に欠ける（現在は保育を必要とする）子どもの保育を行う児童福祉施設としての保育所」のそれぞれの文化・風土は、制度改革をもってしても一元化が困難でした。この事実は、就学前の教育・保育施設の在り様についての制度が、子どもが差別なく、また保護者の働き方や家庭の状況に関係なく等しく発達が保障される場として考えるという、子どもの権利が視点とされたものではなかったことを示すものです。

2 現行の保育・教育課程の改訂における子どもの権利の検討

就学前の保育・教育施設における保育の内容は、現在「保育所保育指針」「幼稚園教育要領」「幼保連携型認定こども園教育・保育要領」に示されています。ここでは、2019年の3指針・要領の改訂の内容を視点として、子どもの権利について検討します。

（1）育みたい資質・能力、幼児期の終わりまでに育ってほしい姿の明確化

幼児教育において育みたい資質・能力の3つの柱は、「知識および技能の基礎」「思考力・判断力・表現力等の基礎」「学びに向かう力、人間性等」です。これらは、小学校以降の教育における3つの柱である「知識や技能（何を知っているか、何ができるか）」「思考力・判断力・表現力等（知っていること・できることをどう使うか）」「学びに向かう力、人間性等（どのように社会・世界と関わりよりよい人生を送るか）」の基礎力として位置づけられたものです。

また、幼児期の終わりまでに育ってほしい姿は、「健康な心と体」「自立心」「協同性」「道徳性・規範意識の芽生え」「社会生活との関わり」「思

考力の芽生え」「自然との関わり・生命尊重」「数量・図形、文字等への関心・感覚」「言葉による伝え合い」「豊かな感性と表現」の10の姿にまとめられました。これらの姿は、小学校以降の教科目の目的から整理され、示されました。

　この度の3指針要領の改訂においては、制度を超えて幼児教育の内容を統一するという目的があり、それは、保育の内容において、子どもの学びの内容が等しいものとして示されたという点では子どもの権利の一つである平等性が考慮されたと考えられるかもしれません。しかしながら、小学校就学時の子どもは、それぞれ個別の約6年間の生活を経ています。個別の生活経験と、家庭や地位における経験の積み重ねがあるのです。

　また、就学前の乳幼児期における発達の特徴の一つは、そのスピードが速いということです。出来なかったことが、次々できるようになっていく変化の姿は、3つの資質能力の柱の一つである技能の基礎力と相まって、発達が技能の獲得や能力の拡大と錯覚される懸念があります。

　幼児教育の教育課程において、資質能力や幼児期の終わりまでに育ってほしい姿が一様に示されることと、就学という同時期における発達の個人差をどのように考えればよいのでしょうか。さらにそれらの内容は、一人ひとりの子どもが、生まれてから積み重ねてきた生活の事実からとらえたものではなく、小学校以降の教育で求められる資質能力の基礎力であり、また今日の学校における教科目の目的から考えられたものなのです。

　さらに、幼児期の終わりまでに育ってほしい姿は、保育者と小学校の教員が同じ子どものイメージをもって保幼小接続期の教育課程を考える目的で示されたという側面もあります。保幼小接続期の教育課程については、その連続性が課題とされ、就学前の5歳児におけるアプローチカリキュラムや、小学校1年生時におけるスタートカリキュラム、また接続期のプログラムとして架け橋プログラムの作成が各自治体において取

り組まれているところでもあります。

　しかし、このように3指針要領の改訂の過程、接続期の教育課程の作成に向けての取り組みを見ると、大人のイメージの共有のために、また小学校以降の教科目の目的に向かって、すべての子どもに対して一様に、就学という一時におけるあるべき姿が示されたことは明らかです。これは、就学前の子どもの発達のありのままの姿を尊重し、取り組まれたものではなく、子どもの差別されない権利や、発達を保障される権利が守られているとは言えません。

（2）保育所保育指針の改定における「養護」の取り扱いと子どもの権利

　保育所保育の特徴は、「養護（生命の保持、情緒の安定）」と「教育（健康、人間関係、環境、言葉、表現）」が一体的に展開されるところにあります。これは、保育所保育指針の総則において示されてきたことであり、「養護」と「教育」については、ともに保育内容として保育所保育指針に記載されてきました。

　しかし、今回の3指針要領の改訂には、少子化対策として、保護者の負担軽減のために幼児教育の無償化を進めることが背景の一つとしてありました。そのため、幼児教育の内容を統一する必要があったのです。

　幼稚園は、幼児教育を行う学校の位置づけであり、その内容に「養護」は存在していません。そこで、保育所保育指針の改定においては、「養護」についての記載を保育の内容ではなく、総則の中で行いました。「養護」とは「生命の保持」「情緒の安定」であり、子どもが保育の場において、安全に、安心して過ごすことを保障するものです。これは、子どもの基本的な権利であり、就学前の保育、教育の場のみならず、小学校以降の教育の場においても保障されなければならないものです。また、安全で安心できる環境が整えられなければ、教育も成立しません。

　したがって、「養護」は、「教育」とは不可分と考えられ、特に幼児教育においては、「養護」も含めて保育内容とすることが子どもの権利の

視点からは必要でした。しかし、幼稚園における幼児教育課程に合わせる形で保育所保育指針における保育内容から「養護」が外されたことは保育内容の質の低下であり、子どもの権利保障の視点においても後退したと考えざるを得ません。

　以上、本節では、今日の就学前の保育・教育の制度と保育・教育課程の改訂の経緯について、子どもの権利を保障する視点があったのかということについて検討してきました。第1節で示したように、子どもの権利について、理念は社会の中で謳われては来ています。しかし、就学前の子どもの保育・教育にかかわる制度やその保育・教育課程の検討過程においては、子どもの権利が尊重されているとは言えません。その背景には、子どもを保護者の従属物として考えてきた根強い子ども観や、「子どもは親の言うことを聞くものだ」という親子における価値観の伝達のようなことがあるのかもしれません。

　しかし、今日の社会・経済状況の中で、子どもの権利が尊重されているとは言い難く、子どもの虐待や、ヤングケアラー、子どもの貧困など、子どもの置かれている状況は益々厳しくなっています。

　それでは、子どもがその権利を守られ、安全に、安心して生活することが出来る状況をどのように実現していけばよいのでしょうか。

第3節　子どもの権利としての就学前の保育・教育を実現するために

1　保育の基本理念

（1）子どもの権利としての就学前の保育・教育の目的

　就学前の保育・教育施設については、児童福祉法や学校教育法などの法律を根拠としていますが、それら法律は、国家の目的を達成するため

に制定されています。現在の日本は民主主義国家ですが、かつては天皇制の下、軍国主義であった時代がありました。その時代においては、富国強兵という国家としての目的があり、その目的を達成するために、男性は強い兵士となることが求められました。兵士になるということは、国のために戦うということですから、基本的人権などは存在せず、命さえも投げ出さなければならない状況でした。

　今日の日本は、超高齢社会となり、人口減少が進む中で少子化対策が急務となっています。そのため、内閣府にこども家庭庁を創設、「こども家庭庁は、こどもがまんなかの社会を実現するために、こどもの視点に立って意見を聴き、こどもにとっていちばんの利益を考え、こどもと家庭の、福祉や健康の向上を支援し、こどもの権利を守るためのこども政策に強力なリーダーシップをもって取り組みます（子ども家庭庁ホームページでは、すべての漢字にふりがなあり）。」としています。

　こども家庭庁の取り組みは「こども未来戦略方針」として、経済成長の実現と少子化対策により、若者・子育て世代の所得を伸ばすということですが、その方針の中に、子どもの権利をどのように守るのか、その具体的施策は見えてきません。

　また、「こどもまんなか」こども家庭庁の取り組みとして、夏休みの子どもを対象とした大臣室の開放や子どもの意見聴取などのイベントが行われましたが、主な対象は若者や子育て世代です。

　では、今日の保育・教育の中で、子どもたちの権利はどのように守られ、尊重されるのでしょうか。

　第1節、第2節で見てきたように、現行の就学前の保育・教育の制度や教育課程の成立過程においては、子どもの権利を保障する視点は見えて来ません。

　しかし、就学前の子どもたちは極めて発達の初期にあり、心身の発達も未熟とはいえ、子どもの権利を持っています。特に良い環境の下で育てられる権利については、保育を担う保育者のかかわりにより実現しま

す。保育者は、権利としての保育を子どもが享受出来るよう保育を実践する役割を担っています。

　就学前の保育・教育において育むとされる「生きる力の基礎」は、小学校以降の教育を受けるための準備ではありません。一人ひとりの子どもが、人間として尊重され、大切にされながら、安全な環境の中で、安心してそれぞれの「自己」を育み、自信と希望をもって就学に向かう育ちを見守りつつ保障することが子どもの権利としての保育の実践であり、就学前の保育・教育の目的です。

　その実現のために、保育者には子ども理解に基づく発達の援助と、子どもの発達を共に援助し、見守る保護者に対する支援が求められるのです。

（2）子どもの権利としての保育における保育者の発達理解

　子どもの発達をとらえるとき、多くの人は「一人で（自分で）出来ることが増えていくこと」と考えるのではないでしょうか。

　就学前の子どもは発達の極めて初期にあり、特に生後1年程度の発達の速さは目覚ましいものがあります。身体的には、まだ自身の頭を支えることもできない状態から、寝返りをし、座位を取ることが出来るようになり、つかまり立ちをし、直立二足歩行ができるまでになります。情緒的にも、不快の情緒を泣いて訴えることが中心の未分化な状態から、特定の養育者とのかかわりの繰り返しの中で体温や言葉かけに快さを感じ、特定の養育者に対してアタッチメントを形成します。これら心身の大きな変化から、発達を、出来ないことが出来るようになる上向きのベクトルとしてとらえることもやむを得ないのかもしれません。また、子どもは放っておいても成長するという感覚を持つ保護者もいるかもしれません。

　しかし、「発達とは、ある一定の方向性を持つ変化」とされます。すなわち、発達には方向性があり、道筋があり、この道筋に沿って前進と

後退、あるいは上昇と下降があるのです。子どもは、確かに「出来るようになる」ことが多いですが、「昨日出来たことが今日は出来ない」こともあるので、大人、特に保護者はそれを「問題」ととらえがちです。私たち大人は子どもの行動の事実のみから子どもの発達について判断しがちですが、子どもの発達をとらえ、発達を促す活動を遊びとして保育活動の中に位置づけることを通して子どもを育む保育者は、子どもの行動の理由を推し量ることが求められるのです。子どもの行動から発達を診断するのではなく、行動の意味を理解しようとすることが、子ども理解なのです。子どもは、大人との関係においては、多くの場合、その行動について、「よく出来たね」「それはしてはいけません」などの評価をされています。しかし子どもは、良いことや悪いことを意識し、選びながら行動しているのではなく、多くの場面で興味や関心のままに行動しています。

　自己中心的であったり、気まぐれであったり、子どもの発達の特性と行動の意味をおもんばかりながらかかわる、保育者の発達理解に基づいたかかわりの中で、子どもの育つ権利が守られます。

2　保育において子どもの権利を保障するということ

　ここでは、子どもの権利条約の4つの柱に沿って、子どもの権利を尊重する保育について考えます。

（1）差別の禁止と保育
　差別をしてはいけないということは、多くの人は言葉ではよく理解していると思います。保育者が子どもや保護者を差別しないことは当然ですが、保育の場面において、子どもは子ども同士のかかわりの中で、「○○ちゃんとは遊びたくない」「△△ちゃん嫌い」などと思うまま、感じたままに発言することがあります。保育場面においては、子どもの不適切な言動は保育者によって不適切であることが指摘され、相手の子ども

との間で、「ごめんなさい」「いいよ」と仲直りの場面を経て終わりにすることがほとんどです。しかし、大切なのは、なぜ今遊びたくないのか、なぜ今嫌いなのかというその場面における理由です。言語表現が未熟である子どもは、聴きとられることを重ねながら、真意を意識し、伝えることが出来ることがあります。また、子どもの理由は、時間も、場面も限定的であることが多いものです。場面ごとに保育者と一緒に適切な気持ちの表現方法を学ぶことから、差別的な感覚は生まれないものです。保育者の場面に応じた丁寧な介入が大切なのです。

（2）子どもの最善の利益と保育

　子どもの最善の利益が何であるのかは、単純に答えが出るものではありません。「最善」を求めた場合、答えは最も適切な一つに限られますが、判断に必要な情報がすべて整っていることばかりではありません。正解を求めても、確かな正解はないことの方が多いのではないでしょうか。特に「子どもの」最善の利益を考える時、子どもは変化の大きい、発達途上にある存在ですから、「これが正解」という確信を持つことは意外に困難です。「今、ここで」のよりベターな対応を子どもに対して誠実に考えるのが子どもの最善の利益を考えることになるのではないかと思います。

（3）生命・生存及び発達に対する権利と保育

　生命・生存及び発達に対する権利は子どもの最も尊重されなければならない権利であると言えます。子どもは身体的に未発達ですから、外界からの衝撃、刺激が生命・生存にかかわることもあるとともに、発達に影響を及ぼすこともあります。安全に配慮した保育の中で、発達に応じた保育内容により、さらなる発達を促されることが求められます。そのためには、先に述べた保育者の発達観と、子どもの観察による発達の理解、発達を促す遊びについての環境構成が求められます。

（4）子どもの意見の尊重と保育

　子どもの意見の尊重については、「意見表明権」として子どもからの意見聴取が行われたりしています。しかし、就学前の保育・教育の対象である子どもは、意見を表明する方法が未熟です。子どもの意見が尊重される権利は、言葉で意見を表明できる子どもに限られるものではありません。

　新生児であっても、おなかがすくと「泣く」ことで空腹を訴えます。寝返りができるようになり、腹這いで前方に関心がある玩具を見つけた子どもは、手を懸命に前に伸ばし、触りたい気持ちを表現します。また、幼児であっても、遊んでいる友だちの中にどうやって仲間入りをすればいいのかがわからず、立ちすくんでいる子どももいるでしょう。

　このように、表現が拙い乳幼児であるからこそ、保育者の観察によってその思いが理解され、また適切に聴きとられることにより、思いが満たされたり、表現の方法を学んだりすることが出来ます。保育者のかかわりによって、その思いを尊重される場面となるのです。

第4節　まとめとして

　近年、深刻な子どもの虐待が、家庭のみならず、子どもの生命を守り、その発達を保障する場であるはずの保育施設においても横行しているとの報道を目にするようになりました。

　就学前の保育・教育施設を取り巻く状況は、少子化対策の制度的取り組みともかかわりながら複雑化し、混迷し、就学前の保育・教育の場が子どもにとって安心・安全の場であることが困難であるようにも見えます。

　しかしながら、多くの保育者は子どもに愛情を持ち、その専門性をもって日々の子どもとのかかわりを工夫しながら保育に取り組んでいます。保育は、子どもの発達という様々な変化をこどもの間近で見ながら保護

者とともにその成長の喜びを共有することが出来る、やりがいのある仕事です。子どもの自己の発達を支えながら、保育者としての自己実現もかなう魅力ある仕事です。

そのような保育という仕事について、子どもの権利の視点からとらえ直し、保育や保育者の役割を考えてみようと思いました。改めて分かったことは、社会的状況は変化し、それに応じて制度も変わるということです。しかし一方で、子どもが人間として尊重されながら、人とのかかわりの中で発達するという事実は今まで以上に研究で明らかになっています。

AIの時代により、多くの仕事が必要でなくなるといわれる昨今ですが、子どもは、人によって育てられます。また、自ら育つ権利も保障されなければならないものです。

いま改めて保育者は、子どもの自己の発達、社会性の発達に必要な大人のかかわりを新たな知見も含めて学び、実践することが大切です。それとともに保育者は、その実践を保護者をはじめ子どもを取り巻く人々に発信することで、子どもの権利を尊重した保育・教育を実現し、人々が幸福を感じることのできる社会に繋ぐことができるのではないかと考えます。

【参考文献】

堀尾輝久『子育て・教育の基本を考える―子どもの最善の利益を軸に―』童心社、2015年

『発達174：いま、０歳からの子どもの権利を考える』ミネルヴァ書房、2023年

浜田寿美男『「発達」を問う　今昔の対話　制度化の罠を超えるために』ミネルヴァ書房、2023年

明和政子『ヒトの発達の謎を解く―胎児期から人類の未来まで』（ちくま新書）筑摩書房、2019年

第2章　保育・教育における絵本の教育的効果

第1節　保育内容5領域と絵本

1　健康と絵本

　乳幼児期の保育における「絵本」の教育的価値について、保育内容の5領域から考えてみます。5領域とは、心身の健康に関する領域「健康」、人との関わりに関する領域「人間関係」、身近な環境とのかかわりに関する領域「環境」、言葉の獲得に関する領域「言葉」、感性と表現に関する領域「表現」の各領域です。

　保育内容「健康」領域のねらいである「健康な心と体を育て、自ら健康で安全な生活をつくり出す力を養う」ためには、乳幼児は、保育士等の愛情豊かな受容の下で、安定感をもって生活することが望まれます。子どもの気持ちに配慮した温かいふれあいの中で、心と体の発達を促すことが大切なのです。

　保育士、幼稚園教諭等の保育者による絵本のおはなし・読み聞かせは、乳幼児の心に読んでもらう楽しさや幸福感を育みます。また、これまでに心と体で経験した様々な事柄を絵本が描く世界の中で再認識したり、場面の展開や登場人物の会話や行動から新たな気づきを得たりすることができます。絵本の読み聞かせは、豊かな認識を促し、子どもの心身の健康に寄与するものであると言えます。

　森慶子（2015）は、絵本の読み聞かせにより、心が癒されることを脳科学的に実証しています。「『絵本の読み聞かせ』聴取時において、ほと

んどの例で、前頭前野における血液減少が見られたことは、絵本の読み聞かせ聴取時に『こころが癒されること』が起こっていると考えることが出来る。（中略）従来の実践において、『絵本の読み聞かせを行うと精神的に落ち着く』という経験的な尺度でしか測れなかった『絵本の読み聞かせ』の（精神的に落ち着く）効果について、脳科学的に実証することができた」と述べています。

「読書は心の栄養」と言われていますが、乳幼児期の絵本の読み聞かせ、読書が心身の健康に良い影響を与えていることに賛同される人は多いのではないでしょうか。

2 人間関係と絵本

保育内容「人間関係」のねらいである「他の人々と親しみ、支え合って生活するために、自立心を育て、人と関わる力を養う」ためには、保育所や幼稚園での生活を楽しみ、身近な人と関わる心地よさを感じることが大切です。

保育者による絵本の読み聞かせは、読み手の温かい心情に乳幼児が気づくことができます。そして、受容・共感的な応答がある読み聞かせを繰り返し行ってもらう中で、自分の気持ちを相手に伝えることや相手の気持ちに気付くことの大切さなどを乳幼児は、自然に感じ取ることができます。また、読み聞かせをしてくれる人に対して親近感を持ったり、信頼したりして豊かな感情が生まれたりできるのです。

保育における絵本の読み聞かせの人間関係上の意義として次の2点が指摘できます。

まず第1に、保育者（読み手）と子どもたち（聞き手）の安定した信頼関係の上に積み重ねられる共有体験（一体感）であること。日々の保育の中で、保育者と子どもがふれあいを通して築いてきた関係の上に、絵本体験が重なります。また逆に、絵本体験が両者の関係を強めるとも考えられます。

第2に、絵本と子どもの生活の連続性が可能となる読み聞かせであることや子どものことをよく知る保育者が、子どもの生活や興味、発達に即した絵本を選ぶことで、選んだ絵本の内容は、子どもの生活や体験とつながって豊かな認識を育みます。子どもの過去と現在、そして未来の生活につながる絵本を保育者だからこそ選ぶことが可能なのです。

3　環境と絵本

保育内容「環境」のねらいである「周囲の様々な環境に好奇心や探求心をもってかかわり、それらを生活に取り入れていこうとする力を養う」には、見る、聞く、触るなどの経験を通して、感覚の働きを豊かにすることが大切です。

乳幼児は、様々なものに関わる中で、発見を楽しんだり、考えたりしようとすることができます。絵本や布絵本の読み聞かせを通して、見たり、聞いたり、触れたりする経験をし、そのぬくもりが感覚の働きを豊かにするのです。保育者が豊かな読書の環境を与えることは、乳幼児の豊かな成長には欠かせません。

『クシュラの奇跡—140冊の絵本との日々—』に紹介されているクシュラは複雑な障がいを抱えて生まれたニュージーランドの女の子で、医師から精神的、身体的に遅れがあると診断されていました。3歳になるまでものを握ることができず、自分の指先より遠いものは見えなかった彼女ですが、生後4カ月から両親が1日14冊の本を読み聞かせたところ、5歳になる頃には平均より高い知性を身につけ、本が読めるようになっていました。これは、読書環境を充実させることで、その環境に積極的に関わる乳幼児を育てることにつながった良い事例です。

4　言葉と絵本

保育内容「言葉」のねらいである「経験したことや考えたことなどを自分なりの言葉で表現し、相手の話す言葉を聞こうとする意欲や態度を

育て、言葉に対する感覚や言葉で表現する力を養う」ためには、乳幼児に言葉遊びや言葉で表現する楽しさを感じさせることが大切です。

　絵本の読み聞かせを通して、絵本に親しみ、感動を表現する手段である簡単な言葉を繰り返したり、模倣をしたりして遊んだりする経験が言葉の力を育みます。乳児は、言葉を話せなくても、言葉を聞き、理解することはできます。保育者は、乳児をあやす時に、自然に声を高くし、抑揚をつけてゆっくりとやさしく話しかけます。このことをマザリーズ（育児語）と言います。

　非言語コミュニケーションとは、顔の表情や視線、手振り、身振り、声のトーンといった言語的表現以外のコミュニケーションを意味します。

　非言語コミュニケーションでは、人間の五感（目、耳、鼻、舌、皮膚）すべてが、メッセージを受け取ることになります。

　しだいに、日常生活に必要な言葉が分かるようになると、絵本や物語などに親しみ、言葉に対する感覚を豊かにし、保育士等や友達と心を通わせることができるようになります。絵本や物語に自分から親しみ、興味をもって聞き、想像する楽しさを味わうことができるようになるのです。

　このように絵本の読み聞かせから、乳幼児は言葉の響きやリズム、新しい言葉や表現などに触れ、これらを使う楽しさを味わえるようにすること、その際、絵本や物語に親しんだり、言葉遊びなどをしたりすることを通して、言葉が豊かになっていくのです。

　保育所保育指針、１歳以上３歳未満児の保育に関わる言葉の内容７項目を以下に示します。

① 　保育士等の応答的な関わりや話しかけにより、自ら言葉を使おうとする。
② 　生活に必要な簡単な言葉に気付き、聞き分ける。
③ 　親しみをもって日常の挨拶に応じる。

④ 絵本や紙芝居を楽しみ、簡単な言葉を繰り返したり、模倣をしたり して遊ぶ。

⑤ 保育士等とごっこ遊びをする中で、言葉のやり取りを楽しむ。

⑥ 保育士等を仲立ちとして、生活や遊びの中で友達との言葉のやり取 りを楽しむ。

⑦ 保育士等や友達の言葉や話に興味や関心をもって、聞いたり、話し たりする。

　これら７項目を「絵本」の活動にあてはめると、④は、直接的に関連 しているが、ほぼすべてに「絵本」の活動の中に当てはまる活動と言え ます。絵本の読み聞かせを通して、保育者と子どもたちが受容・応答的 な言葉かけ等を楽しむ活動が生まれることが重要です。

　次に幼稚園教育要領「言葉」の内容10項目を以下に示します。

① 先生や友達の言葉や話に興味や関心をもち、親しみをもって聞いた り、話したりする。

② したり、見たり、聞いたり、感じたり、考えたりなどしたことを自 分なりに言葉で表現する。

③ したいこと、してほしいことを言葉で表現したり、分からないこと を尋ねたりする。

④ 人の話を注意して聞き、相手に分かるように話す。

⑤ 生活の中で言葉の楽しさや美しさに気付く。

⑥ 親しみをもって日常のあいさつをする。

⑦ 生活の中で必要な言葉が分かり、使う。

⑧ いろいろな体験を通じてイメージや言葉を豊かにする。

⑨ 絵本や物語などに親しみ、興味をもって聞き、想像をする楽しさを 味わう。

⑩ 日常生活の中で、文字などで伝える楽しさを味わう。

これら10項目は、「絵本」の活動に当てはめて考えることができます。保育者が、絵本の読み聞かせを起点として、意図的・計画的に絵本の世界をごっこ遊びや劇遊びなどの活動に広げ、お遊戯会での披露等の多様な他者との関係性や時間・空間的な広がりを活かした活動を行うことが大切です。このことによって、10項目すべてが、保育所や幼稚園等での絵本のおはなし、読み聞かせを起点とした活動としてとらえることができるのです。

5　表現と絵本

　保育内容「表現」のねらいである「感じたことや考えたことを自分なりに表現することを通して、豊かな感性や表現する力を養い、創造性を豊かにする」ためには、生活の中でイメージを豊かにし、様々な表現を楽しむことが重要です。

　絵本には、赤ちゃん絵本、創作・物語絵本、昔話・民話絵本、知識絵本（科学絵本、図鑑絵本、数の絵本）、言葉の絵本、写真絵本、文字のない絵本、しかけ絵本、バリアフリー絵本等があります。多様な絵本が乳幼児の生活環境に存在することは重要です。

　保育者は、この多様な絵本を通した遊びの中で、様々な表現形式、絵本のおはなし、読み聞かせ、紙芝居、ブラックシアター、布絵本等に触れ、感じたことや考えたことをごっこ遊びや劇遊び等において、子どもが、自分なりに表現して楽しむように導くことが大切です。

　子どもの自己表現は、素朴な形で行われることが多いので、保育者は、そのような表現を受容し、受容、共感的に、ナラティブ・アプローチによる関わり方を心がけます。そうすることで、子どもは、自己肯定感を高めながら、自信をもって表現するようになります。

　「ナラティブ（narrative）」とは、日本語で「物語」や「語り」のことです。「ナラティブ・アプローチ」は、相談相手や患者などを支援する際に、相手の語る「物語」を通して、その人らしい解決法を見出して

いくアプローチ方法です。わが国に「ナラティブ・アプローチ」を導入した訳者、アリス・モーガンは、「ナラティブ・セラピーとは何か？」の質問に対し、「ナラティブ・セラピーは、カウンセリングやコミュニティワークの中で、敬意を示し、非難しないアプローチを実践し、それによって人々をその人生の専門家として中心に据えていくのだ」と答えています。支援者が専門性を手放すことで、相談者にとっての最良を引き出すことができる「ナラティブ・アプローチ」は、今の時代らしいアプローチなのかもしれません。

　ナラティブ・アプローチにより、読書意欲を引き出すには、好きな本について乳幼児にしっかり語らせること、ブックトークさせることが大切です。保育者は、子どもに心の中の思いを自分の言葉で、自由にたくさん語らせます。そうすることで、読書をするという快感情がいっぱいになってきます。そして、自己肯定感が高まり、ますます読書意欲が高まるのです。

　保育内容5領域の各領域に示されたねらいは、保育所や幼稚園における生活全体を通じ、乳幼児が様々な体験を積み重ねる中で相互に関連をもちながら、次第に達成に向かうものです。保育内容5領域は、乳幼児が環境に関わって展開する具体的な活動を通して総合的に指導されるものであることを留意しなければならないのは言うまでもありません。

　今、保育者の力量が問われています。子どもの発達段階に応じた絵本のおはなし、読み聞かせの重要性を認識し、乳幼児の思いや願いに寄り添った保育が期待されているのです。

第2節　幼保小接続期（架け橋期）と絵本

1　幼児期年長と絵本

　2017（平成29）年改訂の「幼稚園教育要領」「保育所保育指針」「幼保連携型認定こども園教育・保育要領」においては、幼稚園、保育所、幼保連携型認定こども園での幼児教育で育みたい資質・能力を「知識及び技能の基礎」「思考力、判断力、表現力の基礎」「学びに向かう力、人間性等」の３つの柱から示し、示した資質・能力は、一体的に育むよう努めるものとすると明記されました。

　さらに、保育所、幼稚園等の修了時の具体的な姿を分かりやすく示すものとして、「幼児期の終わりまでに育ってほしい姿（10の姿)」を示し、指導を行う際に考慮することと明記されました。

　具体的には、保育内容５領域から「健康な心と体」「自立心」「協同性」「道徳性・規範意識の芽生え」「社会生活との関わり」「思考力の芽生え」「自然との関わり・生命尊重」「数量や図形、標識や文字などへの関心・感覚」「言葉による伝え合い」「豊かな感性と表現」について述べられていて、「ねらい」及び「内容」に基づく保育活動全体を通して資質・能力が育まれている子どもの幼児期の具体的な姿を示したものです。

　保育者は、幼児期年長までに「幼児期の終わりまでに育ってほしい姿」が育まれるように、幼児期の保育活動全体を通して、長期的展望を持って、保育を行うことが大切になっています。「幼児期の終わりまでに育ってほしい姿」の「言葉による伝え合い」では、「保育士等や友達と心を通わせる中で、絵本や物語などに親しみながら、豊かな言葉や表現を身に付け、経験したことや考えたことなどを言葉で伝えたり、相手の話を注意して聞いたりし、言葉による伝え合いを楽しむようになる。」と示されています。

　咲間まり子（2012）は、保育者による絵本の読み聞かせなどの様々な

児童文化財の活用と小学校教育への円滑な接続に関して、保育所などでの絵本の読み聞かせがどのような形で小学校の学習に繋がっていくのかの傾向を調査しました。これによると、

① 99.7％の保育者が「絵本は重要である」と回答しています（やや重要であるが3.3％）。
② 読み聞かせの配慮点については、保育者は子どもたちの発達過程をとらえて読み聞かせを行っていて、その保育者は、対象年齢（36.5％）、ストーリー（33.0％）を考慮して選書していて、幼小接続期にふさわしいと思われる絵本の読み聞かせが行われています。

「保育者の読み聞かせには、それぞれの保育者の個々の児童文化財に対しての思いや願いがあり、小学校の国語につながる要素を子どもたちは保育者によって体験しているといえよう」とまとめて、保育者による絵本をはじめとする様々な児童文化財の活用は、小学校教育への円滑な接続に効果があることを示唆しています。

　幼児期年長における絵本の活用について、幼稚園、保育所等では、絵本の読み聞かせ等が日常的に行われており、幼稚園教育要領や保育所保育指針に示されている保育のねらいや内容を達成させる保育教材として活用されているのです。

2　小学校低学年と絵本

　文部科学省は、2017（平成29）年改訂の小学校学習指導要領解説総則編において、幼児期の教育との接続及び低学年における教育全体の充実（第1章第2の4（1））「小学校においては、幼児期の終わりまでに育ってほしい姿を踏まえた指導を工夫することにより児童が主体的に自己を発揮しながら学びに向かい、幼児期の教育を通して育まれた資質・能力を更に伸ばしていくことができるようにすることが重要である」と述べ

ています。

　このような経緯で、小学校低学年では、幼児期の終わりまでに育って
ほしい姿を踏まえた指導の工夫が求められることとなりました。

　絵本は、保育において重要な役割や意義をもち、様々な教育効果が挙
げられます。しかし絵本の活用は、幼小接続期の小学校低学年において
も様々な教育効果があり、幼児教育と小学校教育の円滑な接続に効果が
あります。

　小学校の教科書には、多くの絵本が採用され、「読むこと」の領域の
文学的な文章（物語）の教材として採用されています。

　小学校学習指導要領国語編によると、低学年（第1学年及び第2学年）
の文学的文章の精査・解釈では、「場面の様子に着目して、登場人物の
行動を具体的に想像すること」が指導事項となっています。絵本は、教
科書の文学的文章の教材として活用され、読み聞かせを聞いたり、自分
で読んだりして、内容や感想などを伝え合ったり、演じたりする活動に
より、場面の様子や登場人物の行動が想像されます。絵本が児童の学力
向上に寄与しているのです。

　絵本『おおきなかぶ』は、多くの保育所、幼稚園で読み聞かせや劇あ
そびが行われていますが、全国の小学校の1年国語科でも『おおきなか
ぶ』の学習が行われています。授業で音読・動作化、劇が行われること
は、幼・小の学びを連続させるうえで、大変有効です。ここでの指導の
工夫としては、幼稚園、保育所、認定こども園等で先生から読み聞かせ
をしてもらった体験やごっこ遊びや劇遊びをした体験を児童に想起させ
ることで、楽しかった記憶がよみがえり、小学校の国語科学習に意欲的
に取り組むことにつながります。

　児童が主体的に過去の経験を語ることで、物語の構造と内容把握が促
進されれば、幼児期の学びを小学校での学びへと円滑に連続させること
が可能になっていきます。

　小学校低学年の国語の教科書に掲載されている絵本は、他にも『くじ

らぐも』『だってだってのおばあさん』『スイミー』『お手紙』『スーホの白い馬』などがあります。

　小学校低学年での授業では、保育所、幼稚園等でどのような学びをしたのかについて交流することが大切になってきます。児童が主体的に過去の経験を語ることで、物語の構造、内容把握が促進されれば、幼児期の学びを小学校での学びへ容易に連続させることができるのです。

　絵本の読み聞かせを行い、感想を伝え合うなどの言語活動を幼児期年長で行っていますが、小学校低学年でも継続し、「幼児期の終わりまでに育ってほしい姿」を踏まえた指導の工夫を小学校低学年でも行うことが重要です。

　2017（平成29）年改訂の小学校学習指導要領では、児童文化財に関して次のような内容が記載されています。国語科では、第1学年・第2学年の内容として、我が国の言語文化に関する次の事項を身に付けることができるよう指導するとあり、「昔話や神話・伝承などの読み聞かせを聞くなどして、我が国の伝統的な言語文化に親しむこと。」「長く親しまれている言葉遊びを通して、言葉の豊かさに気付くこと。」「読書に親しみ、いろいろな本があることを知ること。」が示されています。幼児期に伝承遊びや言葉遊び、絵本の読み聞かせを体験した子どもたちが、小学校に入学してからもこの楽しさを味わうことができることは、読書が好きになったり、読書習慣が身についたりできることにつながります。

　また、読むことに関する事項を指導する言語活動として、「読み聞かせを聞いたり物語などを読んだりして、内容や感想などを伝え合ったり、演じたりする活動」「学校図書館などを利用し、図鑑や科学的なことについて書いた本などを読み、分かったことなどを説明する活動」が示されています。

　また、読書ボランティアとして学校や公共図書館等で、子どもたちに絵本の読み聞かせなどを行っている方々が存在しています。

　読書ボランティアは、団体として自治体社会教育課に登録されていて、

小学校を中心に毎週1回以上（決まった曜日に）児童を対象に読み聞かせを行っている。その目的は、「子どもたちに豊かな感動体験を味わわせ、読書の楽しさに気付かせ、読書を愛する心豊かな子どもを育てる」など団体で設定されています。熱心な団体では、読み聞かせの回数は年間150回を超えています（但しコロナ禍のもとでは回数は減じています）。

読書ボランティアが定期的な読み聞かせを行っている小学校では、低学年の児童にとっては、貴重な本との出会いの場となっていることや読書ボランティアの読み聞かせの技術が優れていることもあり、子どもたちは読み聞かせに集中して、想像を広げ、読書の楽しさに浸っています。教員だけでなく、読書ボランティアの児童に与える影響は大きいものがあるのです。

3　絵本の教育的効果

絵本の読み聞かせ等の絵本の活用が幼保小接続期（架け橋期）の保育・教育を充実させ、幼保小の円滑な学びの連続を促すことができるのです。

小学校教員と読書ボランティア113名への無記名、自由記述による絵本の教育的効果についてのアンケートを実施し、次のような回答を得ました。

「幼保小接続期において、絵本の読み聞かせは重要ですか」について、113人中100人、97% が重要であるとの回答でした。

絵本の教育的効果については、小学校教員は、「感性・情緒を育む」「想像力を高める」「語彙力を高める」「読書習慣を身に付ける」「幼保小の接続に寄与する」「理解力・思考力を固め、学力向上に寄与する」「豊かな心・人間形成に寄与する」と回答を得ました。

小学校の学校教育目標は、知・徳・体から設定されます。教員は、日々、「学力向上」「心の教育」「体力向上」に力を注ぎ、知・徳・体のバランスの取れた児童の育成を目指しています。絵本は、児童の読書や教員、読書ボランティアが行う読み聞かせに活用されています。また、絵本は、

国語科「読むこと」の学習で教材として使用され、思考力、表現力等を育みます。教員のアンケート回答には、日々の授業や読書活動に絵本を活用することで、思考力や表現力を育むなどの学力向上に寄与することと絵本の物語の世界に浸り、登場人物の行動に寄り添う中で、登場人物の心情を推し量り、豊かな人間形成に寄与できるということを指摘されていました。

　一方、読書ボランティアのアンケートの回答からは、「同化する楽しさ」「読書習慣」「知識・視野」「感性・情緒」「知的好奇心」において重要であると考えを述べ、絵本の読み聞かせ等により、読書に親しむことで、図書館へ調べ学習に行ったり、次の学習へ発展させたりと、読書活動による広がりや深化を期待して、日々の読み聞かせを続けられていて、子どもたちが、生涯を通して読書に親しんでほしいという思いや願いがアンケートには綴られていました。

　絵本の教育的効果として、教員、読書ボランティアともに、「豊かな心を育て、人間形成に寄与すること」を示唆されていました。

　最後に、保育・教育における絵本の教育的効果をまとめてみます。

①　同化する楽しさを高める

　登場人物に同化して、音読したり、動作化したりして、物語の世界を遊ぶことができます。

②　感性・情緒を育てる

　絵本のストーリー、展開に感動しながら、絵本の世界を思い描くことを繰り返す中で、豊かな感性・情緒を育てることが期待できます。

③　意欲・集中力を高める

　子どもは、絵本の読み聞かせを楽しみに、期待感を持って聞き入ることで、意欲・集中力を高めることにつながります。

④　想像力を高める

　絵本の世界を形象化することで、想像力、思考力が高まります。

⑤　語彙力を高める

　日常生活における会話からの語彙の獲得に加えて、絵本の読み聞かせ等による言語体験が、幼児の語彙力を高めます。

⑥　言語感覚を身に付ける

　絵本の読み聞かせを聞いて、本文の繰り返しの言葉や擬態語、擬音語等、作者の文章表現の工夫により、言葉を意識することができるようになり、豊かな言葉や表現から、言語感覚を身に付けることができます。

⑦　文字に関心を持つ

　幼小接続期では、幼児期の絵本の読み聞かせにより、挿絵だけでなく、文字に関心を持つことで、小学校入門期の文字の学習に円滑につなぐことができます。

⑧　知的好奇心（興味・関心）を満たす

　絵本に描かれている物語の世界は、日常生活で経験したことがないことや非日常の世界が描かれているために、子どもの知的好奇心（興味・関心）が満たされます。

⑨　理解力・思考力を育む

　絵本や図鑑等から様々な情報を得て、納得したり、考えを巡らせたりを繰り返すことで、理解力や思考力を育むことができます。

⑩　知識や視野を広げる

　絵本や図鑑等から様々な情報を得て、知識や視野を広げることができます。

⑪　読書習慣を身に付ける

　読み聞かせを数多くしてもらうことで、小学校に入学して文字を習うようになると、積極的に自分で本を手に取り、読んでみようとする読書習慣を身に付けることにつながります。

⑫　幼保小の接続に寄与する

　絵本の読み聞かせをはじめとする絵本等の児童文化財活用は、幼稚園・保育所の学びから小学校での学びをつなぐ役割を担っています。

⑬　学力の向上に寄与する

　幼児期に絵本の読み聞かせ等による言葉のやりとりを活発にすることで、小学校に入学してからの教科・領域での学び、確かな学力の向上に寄与することができます。

⑭　豊かな人間性を育む

　絵本の読み聞かせから出発してしだいに読書習慣が身につくようになると、登場人物の生き方に触れ、多くの情報から思考したり、判断したり、表現したりしていく中で、自分を見つめ、自己成長につながり、豊かな人間性を育みます。

【引用・参考文献】

岡田純也『子どものあそびと絵本』KTC 中央出版、1994年

森慶子「『絵本の読み聞かせ』の効果の脳科学的分析―NIRS による黙読時、音読時との比較・分析―」『読書科学』第56巻第 2 号、2015年

ドロシー・バトラー、百々佑利子訳『普及版 クシュラの奇跡―140冊の絵本との日々―』のら書店、2006年

厚生労働省『保育所保育指針〈平成29年告示〉』フレーベル館、2017年

文部科学省『幼稚園教育要領〈平成29年告示〉』フレーベル館、2017年

緩利真奈美「幼児教育カリキュラムにおける『絵本』研究の課題」『現代教育研究所紀要』（1）、昭和女子大学、2016年

内閣府・文部科学省・厚生労働省『幼保連携型認定こども園教育・保育要領〈平成29年告示〉』フレーベル館、2017年

児玉ひろ美『0～5歳　子どもを育てる「読み聞かせ」実践ガイド』小学館、2016年

浅木尚美「第 8 章　児童文化財（1）」駒井美智子編『保育者をめざす人の保育内容「言葉」』みらい、2015年

咲間まり子「第13章　言葉と国語教育―小学校教育へ―」駒井美智子編『保

育者をめざす人の保育内容「言葉」みらい、2015年

文部科学省『小学校学習指導要領（平成29年告示）解説　国語編』東洋館
　　出版社、2018年

中川李枝子作、柿本幸造絵「くじらぐも」（書き下ろし）『小学校一年国語』
　　光村図書、1971年（初出）

佐野洋子『だってだってのおばあさん　新装版』フレーベル館、2009年

レオ＝レオニ作・絵、谷川俊太郎訳『スイミー』好学社、1969年

アーノルド＝ローベル作・絵、三木卓訳「お手紙」『ふたりはしんゆう』文
　　化出版局、2022年

大塚勇三作、赤羽末吉画『スーホの白い馬』福音館書店、1967年（光村図
　　書出版の教科書では、リー＝リーシアン絵）

森川拓也「領域『言葉』から『小学校国語科』への展開についての考察―
　　幼保小接続の観点から―」『桜花学園大学保育学部研究紀要』第17号、
　　2018年

やまだようこ「9　ものづくりをもの語る」子安増生・仲真紀子編著『こ
　　ころが育つ環境をつくる　発達心理学からの提言』新曜社、2014年

永井勝子「幼児期の学びから小学校国語科授業へのナラティブ・アプロー
　　チ―共通教材『おおきなかぶ』に着目して―」『福岡こども短期大学研
　　究紀要』第32号、2021年

永井勝子「幼小接続期における児童文化財活用の現状と課題―小学校の言
　　語活動を中心に―」星槎大学大学院、2022年

永井勝子「第5章　幼小接続期の保育・教育と児童文化財」現代保育問題
　　研究会編『保育・教育の実践研究：保育をめぐる諸問題Ⅳ』（現代保育
　　内容研究シリーズ6）一藝社、2023年

第3章　心地よさを探しに

第1節　価値転換

　無人島で暮らすことを選ばなければ、人は誰かと接し助け合って生活
します。第一印象がよい人、初対面で生理的嫌悪感が生じた人のどちら
に対しても同じ空間でよりよく過ごす方法を模索するでしょう。生理的
嫌悪感は継続することが多く、ネガティブ・ハロー効果で"やはりね
……"など、つい自身の感覚を正当化する材料を探して積み重ねてしま
います。好印象の場合もポジティブ・ハロー効果で自己評価の正しさを
立証する条件を調え再確認していくでしょう。一方、よいと思った人に
違和感を抱くことがあったら一気に付き合い方を変えてしまう場合もあ
ります。"いい人だと思っていたのに私にショックな言動をするなんて
……信じられない！"そう思った瞬間、その人の目を見て話せなくなり
個人レベルから社会レベルへと心の距離が離れていきます。人と付き合
うことの難しさを感じざるをえません。

　そこで、この節では変化する感情をどのように価値転換すれば心地よ
いと思えるようになるのか考えてみたいと思います。

1　感情

　感情は多面的な現象だといわれますが、確かに生理的反応や体験から
感じたことを表出して自己認知するのでしょう。感情を司ると考えられ
ている脳内の部位「扁桃体」は五感それぞれから送られる情報で好き嫌
いを判別します。人によって違いが生じるのは脳内に各々の経験が積み

重なっていくからです。その経験を重ねることで環境が変わり、さらに環境によって役割が与えられるようになると価値観が変わっていきます。したがって、経験は価値観の基盤を築くうえで大切なものと考えられ、人と付き合う際にも価値観を知ることが付き合い方を模索する条件の1つになるでしょう。

　では、友だちと仲良くなった理由を思い浮かべてみましょう。共通項が多いから。気持ちをぶつけ合い本音で話すことができるから。スタイルも頭もよくて尊敬できるから。あなたはいくつ浮かんだでしょうか。このテーマを考えるとき、友人との出会いを振り返る人が多いです。その人の第一印象が良かった（生理的反応）、そして互いの情報を受容し相手がどのような人か分かり始めた頃から少しずつ気持ちを伝えられるようになった（感情表出）と。この行動は既に仲良くなりたいと思っている証拠です。それから何度か会って話すうちに（体験）価値観の相違はどの程度か知ることとなります（自他認知）。考えた末にリストアップした理由は内面的なものが多いことに気づきます。今回はリストで多かった内面から感情を2つに分けて考えてみます。

（1）ネガティブ

　ネガティブ感情といわれて浮かぶ形容詞は何でしょうか。悲しい、辛い、苦しい……言葉にしたくないものが多いかもしれません。それらの感情は自己否定したり他者への尖った気持ちに変化させたりします。ところで、皆さんはネガティブ感情をどのように消去していますか。①家族、友人などに感情表出している、②カラオケ等で大きな声を出したりスポーツ等で汗を流したりして思いを外に出しているなど、ネガティブな思いを自分の心身から外に放出できると気持ちが少し落ち着くでしょうね。そこに自分を分かってくれる人がいてくれたら、より早くその感情から脱出できそうです。

　では次の質問です。「遅刻して叱られて嫌だった」とネガティブ感情

が高まっているとき、どのように対応しますか。2つ例を挙げます。

① 「今度は叱られないようにしよう。遅刻しないように計画を立てよう」と自身の行動を反省して次回は違う行動をとろうとする。
② 「あの人は次もきっと同じことを言うだろう、変えようがない、だから遅刻してしまって叱られても仕方がない」と自分の行動より自分に対する他者の感情を推測して自身を言い聞かせ慰めようとする。

　あなたはどちらを選べば気持ちが軽くなるでしょうか。実は、どちらの考え方も自分の経験から学んだ危機回避の方法であり、決して悪いことではありません。ここで確認したいのはネガティブ感情をどう処理するか、どのような言葉を自身が選択するかによって気持ちに変化が現れるということです。いつもと少しだけ違う言動を試したいですね。

　叱られた理由を深く考えずに放っておくと記憶が薄れてしまい、また同じような行動を繰り返してしまう人は少なくありません。それは実際に起こった嫌な事実を無意識下で"嫌なことはなかった、問題ない、大丈夫"と記憶を上書きしてしまうからかもしれません。ネガティブなことを消去できたり時が戻ったりするならどれほどよいでしょう。しかし、事実は変わりません。上書きされたはずの記憶や事実も脳から完全に消去されることはなく、別の機会にフラッシュバックが起こったり前よりも大きな問題として自身に降りかかったりします。トラブルの放置、回避は何の解決にもならないと判っていても他に対処法がみつからず行動を変えられないのが現実です。

　自身に弁解し回避するだけではなく、別の解決方法を探すことをお勧めしたいです。例えば失敗に対して、①次は失敗しないように事前準備しておこう。②勇気を出して失敗したと関係者に伝えよう。③失敗の事後処理をきちんとしよう、など。"失敗した"という事実を認めて心配をかけた人に事情を伝えることができたら、すでに半歩前進しているの

だと思います。ネガティブ感情を抱いたままでも生活できますが、日に日に笑顔が減っていくのを実感するでしょう。誰かに話を聞いてもらい、新たな方法で一歩踏み出せるとよいですね。小さな勇気も積み重なれば自身の大きな支えとなります。必死で歩み続けた先には目前に細くても明るい道がみえてくるでしょう。

（2）ポジティブ

　ポジティブ感情とは、どのようなものでしょうか。これも形容詞で考えてみましょう。嬉しい、楽しい、明るい……おそらく笑顔を想像できる言葉が出てくるでしょう。不思議なことに感じた場面を思い出しただけで気持ちが落ち着いたり意欲が増したりします。思い出す、つまり五感の記憶からポジティブな経験を想起しているのですね。

　ところで、いつでもどこでも笑顔、いつもポジティブ、ストレスフリーな人はいるでしょうか。そのような人を筆者は知りません。いらっしゃるとしたら、その人は人知れず努力して笑顔を生み出しているのではないかと思います。

　あなたにはポジティブ感情がどれくらいありますか。何もない、考えたこともない……と思う場合でも、少し無理して数日前から意識して振り返ってみましょう。考えてみること、意識を傾けることで記憶の奥にしまわれた感情を想起できるかもしれません。非常に落ち込んでいたとき絶妙なタイミングで"大丈夫？"と声をかけてくれた友人、家族からの何気ない一言。同じ言葉でも自身の心理状態によって何倍も癒やされたという経験はありせんか。他には、アルバイト先でお客様に"いつもありがとう"と声をかけていただいたとか、親友に"やっぱりあなたじゃないとね"と微笑んでもらえたとか。些細なことでもよいのです。予期せぬ言葉が琴線に触れるとポジティブ感情が高まります。

　少しでも心地よいと感じたことを思い出せたなら、あなたにとってそれはポジティブな宝物です。

一方、無意識に五感で記憶したことが脳内で誤作動を起こすと、ネガティブ感情として定着してしまうかもしれません。記憶は意外に曖昧なもので経験していないことでも関連した出来事とリンクして事実だったかのように誤想起することがあります。そのようなときは逆に、"□△なことがあったから今の自分が頑張れている"と言い聞かせたり"私には○○がある、さりげなく傍で見守ってくれる人がいるから大丈夫"と心に投げかけたりしてみましょう。ネガティブをポジティブな言葉に価値転換することで気持ちも変化します。

（3）対人関係

　2つの感情はどちらも自己の内面から生まれますが、自身の経験が判断基準となって効果的な摩擦が生じ感情を生みだしていると考えるならば、外的な要因が感情を左右していると言ってもよいでしょう。学校や職場などで苦手な人とも付き合わねばならないとき、外的要因を変えることで解決の糸口が見つかるかもしれません。自身の感情をコントロールして頑張るのは社会生活で必要なことですが、頑張りすぎると自分を見失うことがあります。あなたらしさを大切にして無理しすぎず、そして相手が変わることを望まず物理的に環境を変えて違う領域に関心を移すのも心地よさを感じる方法の一つでしょう。

2　行動

　多くの人は赤ちゃんを見て可愛いと感じます。言葉を発しなくても顔の表情だけで癒やされるのは何故でしょうか。目や鼻、口などの配置や大きさに理由はありますが、それだけではないと感じます。"私はここにいるよ、困ったときは助けて！　傍にいて！"と言わんばかりに体中の力を振り絞って笑ったり泣いたりする姿、何かを求める一途な眼差し、何度も物を落としてはケラケラッと笑う無邪気な表情、どの仕草も周囲の心をくすぐります。大人は赤ちゃんの肌に触れ優しく接し成長を見守

ります。すくすくと育つのも接してくれる誰かがいるからですね。大切な人に対する行動には温かさが感じられます。そこに現れる感情は相手にきちんと伝わります。

（1）自己認知

　あなたがいるから私がいる。「私」という名詞を使うのは自分以外の何かと接するときです。その何かが無反応な場合、対象のものに「私」と表現したり心や気持ちを考えたりする必要はありません。つまり、自己認知するには共に存在を感じられることが大事なのです。

　心地よいと感じるのは、共有する空間で互いの程よい距離間が保てるときでしょう。人は誰かと関わることで自分の存在意義を模索し、他者評価や自己の内面で感じることなどを総体的に収集して自己認知します。認知の内容は年齢や環境によって変化しますから、他者との関係を心地よくするためには自分の言動を認識しながら場の空気をよみ臨機応変に調整していくとよいでしょう。

（2）他者比較

　人は“まず自分が大事”と思っているのではないでしょうか。例えば容姿。スリムになりたいと思うのは他者から見られる自分を想像するからかもしれません。所持品や環境も他者比較する必要がなければ今より良い状態にしたいと思うでしょうか。心の距離が遠いと感じる人に対して、私たちはどれほどの自己犠牲を払って付き合えるでしょうか。上方比較で憧れの人に近づきたい、下方比較で今の自分はあの人より幸せなのかも、と他者比較の善し悪しで自己評価します。

　他者から認められたいと思っている人は少なくありません。認めてもらうためなら自己のすべてを大切な人のために犠牲にするのは美徳だと思う場合は、自己の行動が本当に大切な人のためになっているのか考えようとしないでしょう。その行為は美徳なのだから。しかし、思い込み

は善悪の判断を鈍らせます。相手を大切だと思うなら自分が元気でいることです。相手のために無理をして捧げても心配をかけてしまうなら結果的に互いを悲しくさせるだけです。

　ここで、シェル・シルヴァスタイン（Shel Silverstein, 1932～1999）の『おおきな木』という絵本を少しだけ紹介します。「りんごの木」はだいすきな「ちびっこ」の要望に全て応えようとします。最初は葉っぱ、りんごの実、枝、そして切株になるまで自身を与え続けるというストーリーで、作品の最後は「きは　それで　うれしかった」という言葉で終わります。木の行動は自己犠牲と考えるのか愛と感じるのか。どの年代でも相応の感じ方ができる素晴らしい作品です。

　「あなたがいるから私がいる」ときの「あなた」が心地よくなるために「私」は自己のすべてを差し出せるでしょうか。他者比較するのは自身を認めてもらいたいからだとすれば、自己犠牲によって自身の存在を感じられる行為は愛と考えてよいのでしょうか。

　承認欲求が強いと他者比較に歪みが生じます。相手を目標にしたり自身の成長の励みにしたりするのではなく、自分だけを見てほしいという他者への思いが強すぎると、「私」を自己陶酔させ承認欲求は独占欲へと変貌します。そして思いが制御不能に陥ると、自分の行動は冷静な判断のもとに行っているのであり、決して歪んだものではないと思い込むようになります。「自己犠牲＝愛」という錯覚は回避したいものです。

（3）対人関係

　自己認知は自分に気持ちのベクトルが向いているはずですが、認知してもらうためには他者との関係が必須です。適度な関係を築くための方法として、最初は自己認知を認識するベクトルを他者に向け、他者の反応によって自己の行動を変化させながらベクトルの向きを自分に戻すというサイクルが適当なのでしょう。その行動を繰り返すときの留意点は、他者へのベクトルを強めないことです。気持ちのバランスが偏ると過剰

反応で相手への依存度が高まり心地よさを失いかねないからです。また、バランスの強さもコントロールが必要です。互いが強く引き合った状態は反発したときの衝撃が大きくなるからです。何事においても中庸がよいですね。

　第1節の冒頭で述べた"変化する感情をどのように価値転換すれば心地よいと思えるようになるのか"について残念ながら正解はありません。感情は流動的で急に過剰反応することがあるからです。しかし、このような場合、過剰な状況を落ち着かせるのも価値転換だといえるでしょう。例えば、怒り顔を無表情に、外出したくないなら家の窓を開けて外の空気を吸ってみるなど可能な範囲で行動を少し変化させるとよいです。

①　一日1つ些細なことでもよいのでポジティブなことを見つける。
②　鏡に向かって口角をあげてみる。
③　状況に対して肯定的な表現に転換して自身に呼びかける。

第2節　人生の軌跡「記憶」

1　心地よさ（五感）

　心地よいとはどのような状態でしょうか。一般的には、「気持ちがよい、落ち着いている、穏やか、爽やか」などに換言されます。この節では心地よさについて、胎児期から乳幼児期までの五感、さらに五感の情報から記憶した内容に注目してカテゴリした"心の引き出し"を発達段階別に整理したいと思います。

（1）触覚
　ジャン＝ジャック・ルソー（Jean-Jacques Rousseau 1712〜1778）は「感

覚こそ子どもの知識にとって大事な基本的な素材であり、指で得た感覚を眼で確かめて学ぶ」と述べ、五感教育の中でも触覚を重視しています（ルソー, 1965, pp.46-47）。また、乳幼児期に心地よい触覚の刺激を識別する能力が備わっていることが発見されています（Tetsuo Kida & Kazuyuki Shinohara, 2013）。

　触覚は誕生後に触れて感じると思われがちですが、胎児の頃から羊水や自身、また母体に触れて過ごしています。一方、母親は「あらっ蹴ったわ、この子は元気な子になるわね」と、お腹の子に優しく声をかけるでしょう。胎児期から触覚は内外の世界と繋がっているのです。誕生後は母の温もりを感じながら授乳。肌に触れておなかいっぱいになるとスヤスヤ。赤ちゃんは好奇心旺盛で可能な限り手足を動かし物に触れようとします。赤ちゃんの触覚経験は環境に応じて個々に積み重なっていきます。

（2）聴覚

　胎児期では優しい声に触れ、誕生直後は胎児期に聞いていた安心できる声を本能で探そうとします。胎児期に尖った言葉や大きな衝撃音に触れると脳の発達に影響します。とても敏感ですから、接する大人は十分に気をつけて優しく穏やかな言葉をかけるようにしましょう。

（3）視覚

　誕生後も当分はっきり見ることができません。授乳時や泣いてぐずったときなどは30cm程度顔を近づけてゆっくり笑顔で話しかけましょう。赤ちゃんは優しく微笑む顔を見つめ大人の表情を真似します。少しずつ視力がよくなり色の区別ができるようになると周囲への関心が高まります。視覚の発達で赤ちゃんの世界は一層広がり、優しく声をかけてくれる養育者を目で追うようになります。

（4）嗅覚

　胎児期中盤頃からは嗅覚が機能し始めるといわれており、新生児にとって母乳は何よりも大事に感じるでしょう。母の匂いに安心する傾向にあるため、母乳の匂いが違うと飲もうとしない場合があります。自分にとって何が安全か見極めることができるのです。離乳後は食品の匂いによる好き嫌いを周囲にもわかるような表情で示すようになります。

（5）味覚

　誕生直後の母乳から始まり、離乳食、そして安心できる人たちと一緒に楽しい食事の時間を過ごすことは子どもにとって重要です。それらの味は自然に体が覚えて一生忘れられないものになるでしょう。母の作った卵焼きや御味噌汁など、懐かしい味は疲れた体を癒やし心を温めてくれます。

（6）五感の心地よさ

　胎児期から乳幼児期に、五感で得た情報から生きるために必要なことや安心・安全なことを本能で取捨選択します。嗅覚は直接、また嗅覚以外の感覚は脳の視床を経由し大脳皮質に送られ記憶として蓄えられます。置かれた環境下で経験したことが更に記憶され、個人のカラーとして彩られるのです。乳幼児期の安心できる環境で得られた五感の記憶は「心地よい」ものとして"心の引き出し"に保管されます。将来の人間関係にも大きく影響しますから乳幼児期までに五感の心地よさをたくさん伝えたいものです。

2　心地よさ（記憶）

　乳幼児期までに本能で獲得した五感の情報が非常に大切であると述べましたが、どのような状態で記憶として残されれば心地よいと感じられるのでしょうか。

1歳頃になると言葉で伝えられるようになりコミュニケーション力が高まります。その時期には記憶力も活発になり1〜数週間保存できるようになります。体験するごとに脳内の神経回路が繋がり少しずつ記憶を保存する期間は延びますが、2歳では1年程度だといわれています。3歳頃までには神経回路の刈り込みが行われ、生きていくうえで必要なことを優先的に残し回路は整理整頓されます。記憶に関係する海馬が生後1,2年は未熟なため、経験したことやエピソード記憶が場合によっては脚色されたり上書きされたりして曖昧になります。3歳より前の記憶が思い出せなくなる幼児期健忘が生じるため記憶は残りにくいのです。しかし、衝撃の大きさによっては言葉に表せなくても五感が記憶しています。また、忘れていた内容も似たようなことを体験すると想起されます。恐怖体験の場面で特に印象深かったことは鮮明に記憶してしまい大人になっても払拭できません。

　この項では、乳幼児期の経験が人の記憶にどう影響し、それが人生にどう関わるのか年代ごとに考えてみましょう。

（1）誕生から幼少期

　神経回路の刈り込みが始まる時期に五感が順調に成長しなかったら、一生その部分は別の何かで補わねばならないのかもしれません。例えば視覚の発達において大事な時期に目がひどく腫れて病院で手当をしてもらった場合、ガーゼで目を保護することが一週間程度続いたら視力の成長に支障をきたしてしまうのです。これは筆者自身の体験です。就学前の健診で視力が左0.1、右2.0だと分かりましたが、数年前に一週間ほど目を塞いだことが原因だと診断されました。眼のケガから随分経っていたため矯正治療を試みましたが視力は回復しませんでした。不思議なもので無意識に目のピントを上手く合わせて不自由なく生活できました。両親は筆者の視力に関して一生後悔しておりましたが、家族で過ごす時間を大切にしてくれたおかげで記憶（心の引き出し）は潤っていきました。

聴覚についても乳幼児期の経験は生涯に影響を及ぼすほど重要になります。尖った言葉などを多く聞いていると脳が萎縮して将来キレやすくなるなど、本人では解決しづらい状況を生むことにもなるのです。その他の五感も同様に、関わる人たちと笑顔で安心した経験を増やすことで心の引き出しが潤い、将来の支えになると感じます。

誕生から幼少期にかけた大人との関わりが安定した愛着を形成します。ひとり親であっても仕事が多忙で関わる時間が少なくても子どもと過ごす短時間にギュッと抱きしめ愛おしい思いを伝えられたら、十分な愛着が形成されます。子どもはそれでとても幸せなのです。

（2）思春期から成人期

乳幼児期までの体験は多ければ多いほどよいでしょう。それが温かな経験となることが望ましいです。経験や4歳以降に獲得する「心の理論」は就学後の"学校"という集団生活でも大切になります。ギャングエイジでは同性の友人との関わり方を学び、対人関係の基盤を作ります。家族以外の集団で過ごした経験が思春期、青年期へと繋がり世界を広げていきます。タイプが合う人と過ごす時間が増えますが、誰と友人になりたいか何に興味を抱くかなどは経験（記憶）の違いに影響されるでしょう。特に体験の事実よりも何を体感したかがポイントです。独自の感覚によって肌が合う人かどうか判断しながら仲間作りをします。

（3）成人期から老年期

学校生活を卒業し社会人となった自分を想像してみましょう。すでに社会人の方は人生を振り返ってみましょう。「べき思考」で過ごす人、適当に環境を変化させながら他者に対しても大きなこだわりをもたず過ごす人など十人十色ですが、誕生後の経験は考え方にも影響します。成人期以降は年を重ねるごとに"自分の生き方"を模索するようになるでしょう。出産、子育て、仕事、人生の転機にアイデンティティの再構築

が行われることで生活スタイルが調い気持ちも落ち着きます。その構築が自分にとって不満の多い状態では切り替えるまでに時間がかかりそうです。人生経験が豊富になるほど強いこだわりが生じて対人関係で孤立してしまうこともあります。趣味に没頭するとか家族や近所の方と話す機会を増やすなど意識して生活できるとよいです。

（4）記憶の影響

　人生の経験は五感の記憶によって左右されるといっても過言ではないでしょう。年齢を重ねるごとに自身の五感が共鳴して何色にも変化します。筆者が伝えたいのは、環境は自分でつくり自分で変えていくことができるものだということです。ネガティブな出来事も起こると思いますが、可能な限り価値転換して自身で環境を構成していきましょう。全く同じ環境は一つとしてありません。たとえ双子であっても、同じ家族で生活しても、その人の五感は誰かのコピーではなく"あなた"が感じ"あなた"をつくるのです。

　"そんなに簡単に変えられるなら、もうしている"と多くの声が聞えてきそうですね。それでも筆者は伝えたいのです。どうか、ポジティブな経験を増やせますように、毎日一度で良いから鏡に向かって口角上げてみて、と。そのうち自身の五感は心地よい感覚を増やし記憶された経験が体中を巡っていきます。一度の人生だから……少しでも多く笑顔になれる瞬間をつくっていかれることを願っています。

第3節　環境

　人にとって誕生から環境構成がいかに大切かは言わずもがなです。特に最初の集団、家族は一生の基盤を作る源泉ですから責任重大です。この節では成長とともに広がる環境と心地よさとの関係を考えたいと思います。

1 家庭

　家庭とは、家族が集まった集団や家族が暮らす場所という意味があります。毎日を過ごす空間には多くのトラブルも生じるでしょう。親子、きょうだい、親族など人が集まれば意見のぶつかり合いは避けられません。どの家庭にも何らかの悩みやストレスはあります。でも家庭は互いに気持ちを聞いて何とか解決していくことができ、翌日または数日内に何事もなかったかのような平穏な雰囲気に戻れるのです。

　ところで、サン・テグジュペリ（Antoine Marie Jean-Baptiste Roger, de Saint-Exupéry 1900〜1944）の『星の王子さま』には王子さまとキツネが話すシーンがあります。キツネのセリフを抜粋しまとめた内容を紹介します。"仲良くなるにはきまりがいるんだ。午後四時に約束したら三時頃から嬉しくなる。ひとつの日がほかの日とちがうんだし、ひとつの時間がほかの時間とちがうんだ"と。このセリフには、時間を約束して何度か会ううち相手の自分に対する好感や評価が高まっていくという心理効果（単純接触効果）が表れています。さらにキツネは王子さまに秘密を伝えるのです。"心の目で見なくちゃ肝心なことは目には見えない"と。

　今回のテーマ「心地よさ」も可視化できない部分を大切に考えるものです。家庭は同じ空間で時間を積み重ねているからこそ気持ちを寄り添い合って過ごせるのですね。今後も家庭とはそういうものであってほしいと願っています。

（1）居場所

　筆者が高校教員時代に補導巡回で出会った女子中学生の言葉が今でも心にあります。「帰っても家に誰もいない。ご飯はコンビニで済ませている。ここ（某駅前）に来ると誰かがいてくれて話ができる」。

　名前も学校も知らない関係でしたが、不定期で土曜日に駅前に行くと

その子がいました。私を見かけると「お姉さん、今日も会ったね」と明るく声をかけてくれるのです。短時間だけ話をすることが数ヶ月。年度が変わってからは会えなくなりました。安心できる居場所が見つかったのか、幸せに暮らしているのか、あれから30年ほど経ちました。

　皆さんの居場所はどこですか。友だちと一緒にいても自分だけ何かが違う、馴染めないと感じることもあるでしょう。物理的に人がいるだけでは心地よい空間に感じられません。傍にいなくても、その人を思い出すだけで心地よくなる、そのような関わりをもつことができるとよいですね。出会った女の子に対して自分に何ができたのだろう、いや何もできないし生涯共に過ごせないのだから……あのときの関わりは中途半端で失礼だったのだろう、どう接すればよかったのだろう……とことあるごとにその子を思い出し、自身の対応を振り返り今でも反省しています。彼女との出会いは筆者の教員生活に大きく影響しました。教員と生徒、学生の関係である限りは心の距離を一定に保てるように努力しよう、関わるなら中途半端な気持ちで接することはやめようと。完璧なことはできませんが、自問自答しながら現在に至ります。

（2）愛着形成の大切さ

　ボウルビィ（John Bowlby 1907〜1990）の愛着理論は有名ですが、愛着に関係したハーロウ（Harry Harlow 1905〜1981）のサルの実験を映像で観たときは衝撃でした。映像ではアカゲザルの子どもがミルク以外のときはタオル製の母親模型にしがみつく様子も流れました。現在、当然このような実験は許されませんが、過去の実験を無駄にせず愛着形成がいかに大事であるかを伝え続けることが私たちの使命のように感じます。

　養育者は子どもに温もりを、彼らと周囲の皆が子どもと一緒に笑える日々を過ごすことが安心した愛着を形成していくでしょう。愛着形成が不十分な子どもは、大人になっても対人関係で悩み、心の居場所を求め続けます。愛着障害で壊れてしまった心の小さな隙間は決して埋められ

るものではないでしょう。母と呼べる人を追い求め、家族を大事にしようと頑張る本人が最もしんどいはずです。乳幼児の大事な時期にすべての子どもたちが愛着形成できることを願ってやみません。

2　社会

　家庭から近所、保育所等の集団から学校、社会へと環境は広がっていきます。人格形成の基盤ができあがるのは家庭環境です。エリクソン（Erik Homburger Erikson 1902～1994）は人生を8つの発達段階に分け、第1段階の乳児期に大切な心理的課題は基本的信頼だと提唱しました。泣くことで周囲に欲求を伝え養育者はそれに優しく応え接するという関係が築ければ安定した対人関係の基盤ができあがります。

学校、地域等

　安定した愛着形成によって家庭が心の安全基地となった子どもは、外の世界に安心して出かけられるようになります。就学前では先生や園児との関わりで相手を思う気持ちが芽生え、4歳頃に心の理論を獲得すると対人関係で感情表現が豊かになります。小学3，4年生頃のギャングエイジでは、グループの凝集性が高まります。その後の学校生活でも集団の中の自分を客観視しながら存在位置を確認していきます。環境の変化に多少の違和感をもっても自分で調整できるようになり、多くの人は集団生活に馴染んでいきます。

　関わる人の数だけ価値観が存在しますから、場の雰囲気に違和感を抱くことはあるでしょう。学校や社会集団に入る必要性を感じなくなったり何が厭なのか分からず悶々として家に閉じこもってしまったりします。原因が判らずモラトリアム状態に陥っているときに家族や周囲から問われたとしても、解決するわけがありません。"そっとしておいてほしいのに今それを聞かなきゃだめなの？　そう言い返したいのに先が見えないから、その言葉すら発することができない！　私の気持ちを察して

よ！”と心で叫ぶのでしょう。この気持ち、どうすればよいでしょうか。

　やはり、心地よくなる方法を考えてみませんか。100年時代の永い人生を考えれば、ほんの少し立ち止まっているだけなのです。せっかくですから留まっている時期に心のベクトルを少し上に向けてみましょう。“青い空にゆっくりと流れる雲、あっ雲が虹色になっている！　彩雲だ。夜空に赤く光る星が見える、あれは火星かな。道を歩けば名も知らぬ花が咲いている、あぁ今日は風が気持ちいい”ベクトルは宇宙に広がっていきます。時間がくればお腹が空きます。眠たくもなります。多忙で追われていた日々では感じなかった当たり前のことを再び感じられるようになるでしょう。

　大人になっても立ち止まって考えたいときはあります。ただ、大人は家庭のために働かねばとか子育てをしなければとか、自身の気持ちを抑制して無理を承知で社会に出ている場合があります。大人だからとて無理が続けられるわけではありません。では、世の大人はどう乗り越えているのでしょう。戸惑ったら身近な大人に問うてみるのもよいですね。

　大切なのは、どのような現状であっても自分を責めないことです。今できる最小限の何かをみつけ、家族や大切な人と一緒に楽しめそうなことを考えてみましょう。ブレークスルーはスランプに陥ったときや気分転換したときなどに突然起こるものです。もし閉じこもりたくなったら他者からみて“ちっちゃなこと”でもよいので自分にできる行動を1つ日課にしてみましょう。ライフスタイルは自分で決めればよいのです。あなたの大切な人生はあなた自身のものです。

第4節　心地よさを探しに

　心地よい状態がどのようなものか言葉では表現できるでしょう。しかし、これを体感しようとすると思うようにできません。安心できる落ち

着ける場所はどこにあるのでしょうか。おそらくそれは探し求めると逃げてしまい、可視化できるものではないのです。美味しい味も言葉にすれば他者に伝わりますが、全く同じ味を想像するのは困難です。一緒に同じものを食して美味しいねと互いが思えたら本当に伝わったということなのでしょう。つまり、心地よさは五感を媒体として記憶という心の引き出しに保管されていると考えてもよいでしょう。その引き出しから伝えたい感覚を取り出し言葉で五感を表現してみます。誰かがその状態に共鳴してくれたら、互いに心地よさを感じることができるのです。

1 共鳴

　私たちは五感の全てを総動員させて気持ちや行動に変えているわけではありません。五感のいくつかを使っているのです。例えば次のシーンであなたは五感のどれを使いますか。

　「あなたは公園にいます。自分より少し離れた場所で子どもの転ぶ様子が見えました。傍に母親らしき人が駆け寄り、抱きかかえて子どもに何か話しかけると、子どもはその人の胸に顔をうずめました」

　あなたが使用したのは五感の視覚……？　どうでしょう。見ていただけの光景ですから五感の視覚しか作動していないはずです。もし、あなたが他の感覚、例えば聴覚、触覚も選んでいたとしたら、何故でしょうか。シーンから会話を想像したり抱きかかえた様子から温もりを感じたりすることで実際は視覚情報のみであっても他の感覚を連動させることができたのでしょう。

　離れた場所からでも五感が振るえることがあるのですね。琴線に触れる、好きな人を見かけただけでドキドキする、足音で誰なのかがわかる、気配だけで癒されるなど、体験した人がいると思います。五感の機能だけでは作動しないかもしれない状況も、今ここで見えている光景に近い

経験を選択して似たような感情をもつ、このような状態を筆者は「心と五感の共鳴」と呼ぶことにします。

2 心地よさはどこにある？

　脳内の神経は経験などによる学習で個々に必要な回路を構築します。個で動く力はもっていなかったはずの神経回路がいつのまにか脳内で自律的に活動し始め、チームを結成したかのように組織化して回路の刈り込み（脳内の整理）を行います。つまり、脳の神経回路が自己組織化し自然に統制されたわけです。その現象は、感覚機能を媒体として物理的な情報を心理的な反応として想起することも可能にしたのですね。まるで脳内に心の引き出しがあるかのように。

　心地よさはどこにあるのかという問いに正解はみつかりませんが、心と五感が共鳴して生み出されると考えるならば、心地よさは自身の内面に備わっていると考えたいものです。共鳴するメカニズムをイメージすると次のような流れがみえてきます（**図1**）。

図1　心と五感の共鳴　メカニズム

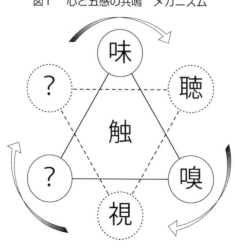

筆者作成

① 触覚を中心として場に応じた感覚がいくつか引き合い反応し

② それが目に見えない小さな振動となって他の感覚を揺らす

③ そこで生まれたエネルギーが体全体を巡り

④ 普段とは違う温かさに気づく

⑤ 気づくと、さらにエネルギーは体内を巡り

⑥ 別の五感と連動していく

　体内で生まれたエネルギーは自身を困らせるほど強いものではなく程よい刺激で継続するのです。そのような状態のとき、「心地よい」と感じるのでしょう。

　ここで**図1**の説明をします。三角形の頂点はそれぞれ五感を示しています。実線と点線に強さの違いはありません。また、五感の位置は体験の内容によって結びつく感覚が変わるため、自由に入れ替わります。そして2つの三角形は触覚を重心として回転します。回転時に重なり合った五感（三角形の頂点）が新たなエネルギーを生み出すというイメージです。頂点に2か所「？マーク」がありますが、今回は第六感と表現しておきます。この部分は「気配、シズル感」などが適当だと考えます。

　誰の心にも存在するであろう「心地よさ」を感じる方法やタイミングを見つけるためには、自己認知が必要です。自己認知は無意識下にあるものを外界の刺激によって五感が情報を受け取ることで顕在化するでしょう。日頃から刺激を取り入れられるよう外界に意識を傾け、いつもと違う小さな変化を見つけてみましょう。

第5節　おわりに

　人の心が見えたらいいのにと思うことがあります。しかし、すべてが見える視覚が備わっていたら、私は対人関係を円滑にしていく自信があ

りません。見なくてよいもの、触れなくてよいことが世の中にはたくさんあります。それらを心の奥にそっと閉まったとき、内面から心地よさが現れるのかもしれません。

　最後に一つお伝えします。「心地よさの種」はあなたの中にあります。程よい刺激を加えて育ててみましょう。刺激がなければ休眠状態です。目覚めたら、「心地よさの種」はあなたの好きな色に変化してあなたを応援してくれるでしょう。そして、関わりが増えた分だけ「種」は成長し今度はあなたを刺激してくれます。あなたが育てたいと願えば「種」も共に成長し「心地よさの双葉」に変化します。刺激し合って互いに成長できますように。あなたの心地よい思いが大切な人に届きますように。

【引用・参考文献】

　シェル・シルヴァスタイン作・絵『おおきな木』篠崎書林、1988年

　サン＝テグジュペリ『星の王子さま』（岩波少年文庫）岩波書店、1996年

　ジャン＝ジャック・ルソー、永杉喜輔・宮本文好・押村襄訳『エミール（全訳）』（1762年）、玉川大学出版部、1965年、pp.46-47

　Tetsuo Kida, Kazuyuki Shinohara「Gentle touch activates the prefrontal cortex in infancy: An NIRS study」Neuroscience Letters Volume 541, 2013, pp.63-66

第4章　保育における絵本と　保育者の役割

　保育において絵本に期待されているのはどのようなことでしょうか。また、絵本のアフォーダンスを最大限活用するため保育者に必要とされることはどのようなことでしょうか。それらを「保育所保育指針解説」(厚生労働省，2018) の記述を読み解きながら考えてみます。

　現行の「保育所保育指針」は、平成29 (2017) 年3月に告示され、平成30 (2018) 年4月から施行されました。改定に際しては3歳未満児の保育の大切さを踏まえ、内容の一層の充実を図ったことが述べられています。年齢区分も乳児、1歳以上3歳未満、3歳以上とされました。第2章「保育の内容」では、この年齢区分にそって保育の内容が記載されています。今回は、改定に際して重要性が認められた3歳未満児の保育を対象に絵本に求められることと保育者の役割について考えてみたいと思います。

第1節　絵本とは

1　絵本の定義

　最初に絵本について考えてみましょう。絵本を定義するのはなかなか難しいことです。ただ、「字のない本」を"絵本"と呼ぶことはありますが、「絵のない本」を"絵本"と呼ぶことはありません。当たり前のことですが、「絵本には必ず絵がある」ということはできるでしょう。

絵本は絵とテキストの調和が生み出す芸術作品とよく言われますが、では絵とテキストはどのくらいのバランスがあれば人はそれを“絵本”と呼ぶのでしょうか。これは大変難しい問題です。人によってもその基準は異なるでしょう。「全国学校図書館協議会絵本選定基準」によると、基本原則として以下のように述べられています。

　絵本とは、書籍の形態をもって、絵または絵と文の融合から生まれる芸術であると考える。

1. 原則として、絵の比重が形式的にも、内容的にもその本の半分以上を占めていること。
2. 画集、単純な写真集、図鑑、低俗なマンガ本・劇画等は対象としない。
3. 絵本は主として、乳幼児・児童を対象としたものであるが、青少年、成人向きのものも考慮する。
4. 絵雑誌は対象としない。

出典：「全国学校図書館協議会絵本選定基準」（全国学校図書館協議会1972年制定）
　　　〈https://www.j-sla.or.jp/material/kijun/post-82.html〉

　これによりますと、画集や図鑑は絵本の対象とされていませんが、どう違うのでしょうか。画集や図鑑、絵本にも絵がありますが、それぞれの絵の関連性ということができると考えます。つまり絵本には絵と次の絵の間にストーリーが存在する、そして、そのストーリーは通常、表紙から裏表紙まで一貫して流れており、その意味では、絵本は絵とテキストもしくは絵が紡ぎだす一つのストーリーであるといえるでしょう。
　また、絵本の最大の特徴は“めくり”です。めくることによってストーリーが展開されます。さらにその「めくりのタイミング」は読み手自らが決めるという「読み手の主体性」によって成り立っているのです。

2 絵本の役割

　次に絵本の役割について考えてみたいと思います。それについては、キーワードとして“つなぐ”をあげたいと考えています。すなわち、

・読み手（大人）と聴き手（子ども）をつなぐ〜相互作用として（share）
・子どもと子どもの周りの世界をつなぐ（生活と絵本の世界の往還性）
・子どもと言葉の世界をつなぐ（言葉に出会い、取り込み、使う）
・子どもと知らない世界をつなぐ（国境を越えて、時を越えて、現実を越えて）

ということです。

　子どもの年齢が低いほど、読み手を必要とします。そもそも「本を読む」という行為は本と自分との対話する時間であり、内省的で個別的な営みです。二者でもしくは集団で絵本を読み合うことはこの時期の特別な経験といえるでしょう。読み手である大人と子どもとの間に絵本を媒介としたコミュニケーションが成立するのです。このことは、特に子どもが低年齢の場合は、人とのかかわりを育てるという子どもの発達上とても大切なことに関わっており、絵本の役割を考える際の注目すべき事項だといえましょう。

　そしてまわりの世界が混とんとしている時期に絵本の中に見つけた見知ったものは子どもにとって特別なものになります。絵本は子どもと周りの世界をつなぎます。そして絵本を読んでくれる大人を通して言葉を知ることとなります。また、絵本は現実世界だけでなく、自分の生活圏以外の世界や過去のこと、そして想像上の世界などに子どもを誘ってくれます。このように絵本は子どもに多くのことをもたらしてくれるのです。

第2節 保育における絵本

筆者は以前、「保育所保育指針解説」と「幼稚園教育要領解説」に出現する「絵本」という言葉について調べたことがあります（2022）。その時は「絵本」という言葉の出現箇所を取り上げました。ここでは保育の内容の記述に現れる「絵本」についてその役割とともに保育者の役割という視点も含めてみていきたいと思います。そしてこの時期の子ども達とどのような絵本を出会わせたいかについても併せて述べていきます。この時期の子どもたちを対象とした絵本は、その特徴について後述しますが、"赤ちゃん絵本"と呼ばれています。「赤ちゃん」をどの年齢で捉えるかということも意見が分かれるところですが（授業で学生たちに聞いた時には1歳まで、2歳まで等かなり意見が分かれました）、保育における乳児保育の位置づけと同様、ここでは3歳未満児を対象として考えます。

1 乳児保育

「保育所保育指針」における保育の内容については前述したように年齢区分を、乳児、1歳以上3歳未満、3歳以上としています。乳児についてはこの時期の発達の特徴を踏まえて以下の3つの視点で保育の内容を示しています。

ア　身体的発達に関する視点「健やかに伸び伸びと育つ」
イ　社会的発達に関する視点「身近な人と気持ちが通じ合う」
ウ　精神的発達に関する視点「身近なものと関わり感性が育つ」

保育内容における「絵本」の出現は、イとウでみられますが、ウの出現回数が一番多くなっています。それを中心に内容をみていきます。

（1）「保育所保育指針解説」における絵本

> ウ　精神的発達に関する視点「身近なものと関わり感性が育つ」
> （イ）内容
> 　①　身近な生活用具、玩具や<u>絵本</u>などが用意された中で、身の回
> 　　　りのものに対する興味や好奇心をもつ。（下線筆者）

　ここでは、絵本が生活用具や玩具とともに物的環境の一つとしてあげ
られています。それぞれ子どもの身の回りに存在するものですが子ども
とのかかわり方は異なります。玩具は子どもが動的に関わりますが、絵
本はどちらかというと絵本そのものが大きく動くというよりその内面世
界へ入っていくところに特徴があります。最近は、インタラクティブな
絵本も多く出版され、絵本の読み方は広がってきましたが、その場合で
も絵やテキストを楽しむことは共通しています。

　解説には絵本に、「知っているものの絵を見付け、指差してその喜び
を保育士等に伝える」とあるように、子どもが毎日の生活の中で見たこ
とがあるものを絵本に見つけ、「見つけた！」という喜びを保育士等（読
み手）に自ら伝えようとする経験は子どもが身の回りのものに対する興
味や好奇心を育てることができる、絵本はそんな力をもっているという
ことでしょう。

　保育所の未満児クラスでお話会をさせていただいた時のことです。6
月の梅雨の時期だったので、『あめ　ぽぽぽ』という絵本を読もうと思
いました。筆者が、タイトルを言った途端、一人の子どもがさっと立ち
上がって窓の方を指差したのです。その日は雨が降っていました。子ど
もが絵本の「あめ」という言葉（音）と現実の雨とを結びつけた瞬間に
出会えてとても感動しました。毎日、子どもと過ごしている方々はこう
いう経験を多くされているのではと思います。見過ごさずにぜひ記憶と
記録に残していただきたいと思います。解説ではさらに、「気に入った
ページを何度もめくって前後の展開を繰り返し楽しんだり、語りの声の

調子やフレーズに耳を傾け、その音の響きやリズムに合わせて体を揺らしたり自分も声を出したりする」とあります。「めくる」という行為を楽しみ、このことを通して子どもは絵本がどのようなものかについても知っていくことができるのだといえましょう。また、保育士等（読み手）が読む声の音の響きやリズムに合わせて声を出したり、体を揺らしたりすることを保育士等（読み手）とともに楽しむことで、それ自身を楽しみながら大好きな人と心を通わせるここちよさも同時に味わうことができ、人とかかわる力を育むこともできると考えます。ですから、ぜひ、自分の声で読んでいただきたいと思います。

ウ　精神的発達に関する視点「身近なものと関わり感性が育つ」
（イ）内容
　　③　保育士等と一緒に様々な色彩や形のものや<u>絵本</u>などを見る。
　　（下線筆者）

この時期の絵本読みについて解説には「基本的に一対一のかかわり」であると書かれています。この時期の子どもを対象としたいわゆる"赤ちゃん絵本"は、判型も子どもの視界に入るような小型のものが多く、一対一の読み合いに適しているといえます。一対一でゆったりと読み合うことで子どもは読み手の自分に対する愛情を「絵本の世界と一体的に受け止め」、読み合いが精神的に安定した時間であることが、子どもをより絵本の世界に誘い、絵本の世界に没入する楽しさを味わう機会となっていくのではないでしょうか。したがってこの時期にできるだけ一対一で絵本を読み合う時間を確保することが大切です。

　また、「絵本の中に身の回りのものを見付けて、絵本のイメージの世界と日常の世界を行ったり来たりする経験は、ふりや見立てを楽しむその後の象徴遊びにもつながっていく」と書かれています。前の段落でも生活の中のものと絵本の絵が結び付く経験が子どもの言葉、興味や好奇心を育むと述べました。この時期には子どもが生活の中で見たものと同

じものが出てくる絵を選び、さらに読み手である保育士等が子どもの気持ちを受け止め、子どもの気持ちを代弁したり言葉を補うかかわり、すなわち応答的なかかわりが求められます。

（2）この時期の子どもと絵本、保育者の役割

　この時期の子ども達と楽しむ絵本としては、生活と絵本の世界を往還できる「モノの絵本」、保育者（読み手）とかかわりを楽しむことができる音やリズムの楽しい絵本、「あそびの絵本」「歌の絵本」などがあげられます。「モノの絵本」「あそびの絵本」「歌の絵本」はとても多く出版されています。

　たとえば、「モノの絵本」。1ページにモノの絵と名前が描かれている絵本、見開きで右ページに絵が描かれ、左ページに名前が描かれている絵本、テキストがなく絵のみ描かれている絵本など様々です。どの絵本を選ぶか迷うところですが、この時期の子どもにとってはできるだけ「目で見たモノ」と「絵本に描かれたモノ」が一致している方がわかりやすいでしょう。

　『くだもの』は、この時期の子ども達と読み合う絵本としてさまざまな絵本リストにも多く取り上げられていますが、くだものそのものと食べるために加工されたくだものが写実的でありながらやわらかいタッチで描かれています。さらに、人の手が「さあ　どうぞ。」という言葉とともに描かれています。そのため、そこにはコミュニケーションが存在し、モノだけが描かれた絵本よりあたたかな印象を受けるように思います。「さあ　どうぞ。」という相手を思いやる美しい日本語は子どもに届けたい言葉です。

　「あそびの絵本」といって一番先に思い浮かぶのは『いないいないばあ』でしょうか。日本で一番多く発行された絵本として「ミリオンぶっく」（TOHAN）にも掲載されています。「あそびの絵本」は、『いないいないばあ』以外にもにらめっこ、手あそびなどたくさん出版されています。

また最近は子どもの歌の絵本も数多く出版されていますが、『おせん
べ　やけたかな』『どんぐりころちゃん』などわらべうたもぜひ子ども
と楽しんでいただければと思います。

　『だるまさんが』も子ども達に人気の絵本ですが、この絵本の魅力は
なんといっても小さい子どもから大人まで楽しめることです。かろやか
なリズムと繰り返し、そして愛らしい絵。ほかにもシリーズとして『だ
るまさんの』『だるまさんと』が出版されています。

　この時期は、テキストを「正確に読む」ことや「最後まで読む」こと
にこだわらず、子どもと一緒に音やリズムを楽しみ、絵本を媒介として
応答的なかかわりを楽しみ、子どもにとって絵本を保育者と読み合うこ
とが楽しい時間であることを最優先にしていただきたいと思います。

2　１歳以上３歳未満児の保育

　この年齢の保育の内容は、３歳以上児の保育の内容と同じく５領域（健
康・人間関係・環境・言葉・表現）にわけて記述されています。５領域
は前項で示した乳児保育の３つの視点と連続性を持つものであり、次頁
図１のようなイメージとして示されています。

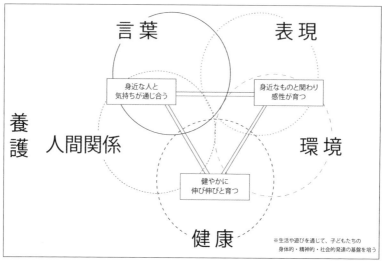

図1 ０歳児の保育内容の記載のイメージ

出典：保育所保育指針の改定に関する議論のとりまとめ
　　　（平成28年12月21日・社会保障審議会児童部会保育専門委員会）

　この年齢区分での「絵本」という言葉については、領域の環境、言葉、表現で出現し、なかでも言葉で最も多く見られます。

（1）「保育所保育指針解説」における絵本

> 　ウ　身近な環境との関わりに関する領域「環境」
> （イ）内容
> 　　②　玩具、<u>絵本</u>、遊具などに興味をもち、それらを使った遊びを
> 　　　楽しむ。（下線筆者）

　解説には、「身の回りに用意された玩具や絵本、遊具などに興味や関心をもち、いろいろなものに自分から触れ、それらで繰り返し遊ぶ。」と書かれています。乳児保育の項で述べたように、絵本は遊具や玩具のようにそれらを直接使って遊ぶわけではありませんが、このころになる

と、自分から好きな絵本を保育士等に「読んで」と持ってくるようになります。その気持ちは大切に受け止め、できるだけ応えたいものです。また、絵本の特徴でもある内容が遊びを広げることについては、「保育所や家庭、地域での日常生活において実際に経験したことと、玩具や遊具等で見立てたり絵本で読んだりしたイメージとを結び付け、自分なりの遊びの世界を豊かに広げていく」とあります。表象機能が獲得され、実物が目の前になくても実物のイメージを持つことができるようになり、体験したことや絵本の内容を目の前にあるもので表現しようとします。この力は見立てあそびから簡単なごっこ遊びへとつながっていきます。乳児保育における「保育士等と一緒に様々な色彩や形のものや絵本などを見る」ことから絵本で読んだ内容を思い出しながら遊ぶことができるようになります。遊びを豊かにする絵本環境を整えていくことが大切です。

　以前うかがった園でのことです。園長先生はとても絵本を大切にしておられ、たくさんの絵本を子どもたちに読んでもらいたいと考え、園のロビーに絵本コーナーを設けました。４月になって新しく入園してきた中に絵本コーナーで絵本をブロックのように使って遊んだり、絵本を投げて遊んだりする子どもたちがいました。絵本コーナーという環境を整えれば、すなわち絵本を読む場所と絵本を準備すれば子どもたちは絵本を楽しむと少なからず思っていた園長先生はとてもショックを受けたと話しておられました。入園前にどれだけ絵本に触れる経験をしているかで絵本への関わり方は異なります。家庭における絵本環境の格差を痛感した事例でもありました。そのような子どもたちも保育士が一緒に絵本を読むうちに絵本本来の楽しさを知り、絵本コーナーで絵本を読むようになったそうです。保育所は子どもが一日の多くの時間を過ごす生活の場でもあります。物的環境を整えるだけではなく、絵本の楽しさを教えてくれる人的環境としての保育者の存在がとても大切なのです。

エ　言葉の獲得に関する領域「言葉」

　　経験したことや考えたことなどを自分なりの言葉で表現し、相手の話す言葉を聞こうとする意欲や態度を育て、言葉に対する感覚や言葉で表現する力を養う。

（ア）ねらい

　　①　言葉遊びや言葉で表現する楽しさを感じる。

　　②　人の言葉や話などを聞き、自分でも思ったことを伝えようとする。

　　③　絵本や物語等に親しむとともに、言葉のやり取りを通じて身近な人と気持ちを通わせる。（下線筆者）

　領域「言葉」においては、ねらいの③に絵本が登場します。絵本と言葉の発達は関連性が高いということを示しています。

　保育士等と絵本を読みながら言葉のやりとりをすることは言葉の発達を促しますが、それ以上にそのやりとりを通じて気持ちを通わせることがこの時期は大切にされなければならないとわかります。そのためには、「言葉のもつ響きやリズムの面白さや美しさ、言葉を交わすことの楽しさなどを感じ取り、十分に味わえるように」する読み方や絵本を選んでいくことが大切です。

　では、次に内容をみていきましょう。

（イ）内容

　　④　絵本や紙芝居を楽しみ、簡単な言葉を繰り返したり、模倣をしたりして遊ぶ。（下線筆者）

　解説には、「子どもに新たな言葉との出会いをつくり、言葉の感覚や語彙を豊かにするとともに、子どものイメージの世界を広げる。」と絵本の持つ力について書かれています。絵本は、言葉との出会いをもたらし、様々な言葉を知ることで語彙が豊かになり、イメージの世界を広げていく力を持っています。言葉を獲得していくこの時期には言葉の意味

を理解してということよりも音やリズムの持つ響きを繰り返し楽しむこと、何度でも繰り返し読んでもらうことを求めること、その経験を積み重ねることで言葉を自分の中に取り込み、自分もその言葉を使うようになることで言葉を習得するプロセスに触れています。

　この時期の言語環境はとても大切です。子どもの「読んで」にはできるだけ応えられる時間的心理的余裕がほしいものです。また絵本の内容について質問攻めにしたり、子どもに言葉を覚えさせるためにくり返し言わせたりすることを強要するのは避けなければなりません。

　絵本に出てくる登場人物の真似をしたり、絵本の内容の一部をごっこあそびにして楽しむ様子もみられます。保育者も一緒に楽しみ、友達同士の関係づくりに結び付けていくよう意識することが大切です。

（2）この時期の子どもと絵本、保育者の役割

　この時期の子ども、といっても1歳になりたての子どもと3歳に近い子どもとではその発達の様子は大きく異なるので、絵本を選ぶのは難しいことなのですが、前述したように3歳未満児を対象とした絵本はいわゆる"赤ちゃん絵本"と呼ばれています。

　すべてに当てはまるわけではありませんが、以下のような特徴をもっています。

　外形としては

・判型が比較的小型である
・ボードブック（厚い板紙でできている）
・角が丸い

　つまり、なめてもかじっても投げてもこわれにくい、安全性に配慮されている、絵本全体が子どもの視界に入りやすい大きさであるといえます。

内容としては

・背景がシンプルである（全体的にごちゃごちゃしていない）
・繰り返し
・オノマトペなどリズムのあるテキスト

などがあげられます。

　この時期の子ども達にとってあまりにも絵本の持つ情報量が多いと子どもの処理能力が追い付かないため繰り返し、シンプルで耳に残りやすいリズミカルな言葉（音）など子どもにとってわかりやすいよう配慮されています。

　子どもは、３歳に近づくにつれて少しずつストーリーを理解するようになります。したがって、繰り返しながらストーリーが進んでいく絵本を選んでいくとよいと思います。たとえば『おおきなかぶ』『ぞうくんのさんぽ』などはよく知られた絵本です。『でんしゃ　くるかな？』は、場面が繰り返されるたびに登場人物（動物）たちの気持ちが盛り上がってそのわくわく感や喜びが読み手に伝わってきます。このように絵本で心が動く経験を積み重ねることで、子どもがお話を楽しめることへつながっていくのだと思います。

　保育者は、言葉を使い始めた子ども達が発する言葉をていねいに受け止め、応答的にかかわることで新しい言葉との出会いや言葉を使うことの楽しさ、絵本の楽しさを味わえるようにすることが大切です。また、子どもの発達や興味関心を注意深く見ながら無理なく次のステップであるお話の世界に導いていけるとよいと思います。

第3節　保育者の役割

1 「保育所保育指針解説」からわかること

　「保育所保育指針解説」に書かれている絵本についての記述に注目して保育における絵本というものをみてきました。それを踏まえて保育者に求められることをまとめてみたいと思います。

　乳児保育では絵本を介した応答的なかかわりが重視され、それを通じて人への信頼感を育むことが求められます。そして、喃語や指差しをていねいに受け止めながら発語へと導いていきます。また、生活と絵本を往還しながら子どもの生活の中に絵本を位置付けていきます。

　1歳以上3歳未満児でも絵本を介した応答的なかかわりを重視しつつ、発し始めた言葉をていねいに受け止めながら語彙や言葉の使い方、人と言葉をかわすことの楽しさの経験を重ねつつ、言葉を育むと同時に、絵本の持つストーリーに気付き絵本（お話）のおもしろさに気付けるよう配慮します。また、見立てあそびやごっこあそび等のあそびが広がっていくよう、また、少しずつ友達と遊ぶことの楽しさに気付けるよう保育計画を考えていくことが期待されます。そして、イメージする力で絵本の世界を楽しめる段階へと導いていきます。

2 保育者に求められること――絵本活用能力

　絵本は、人への信頼感や言葉、イメージする力を育みます。そのような絵本の力を最大限に生かすために保育者に求められることはどのようなことでしょうか。絵本の力を最大限に生かす、すなわち絵本活用能力とよぶことにします。

　絵本活用能力は、絵本に関わる立場の違い――例えば司書、読書ボランティア、教員、保育者等――によっても異なってくるでしょう。保育者の場合はどのようなことが考えられるでしょうか。

まず、子どもと絵本との出会いを作ること、そしてその絵本を子どもとどのように楽しむかを考えられることだと思います（**図2**）。

図2　保育者の絵本活用能力

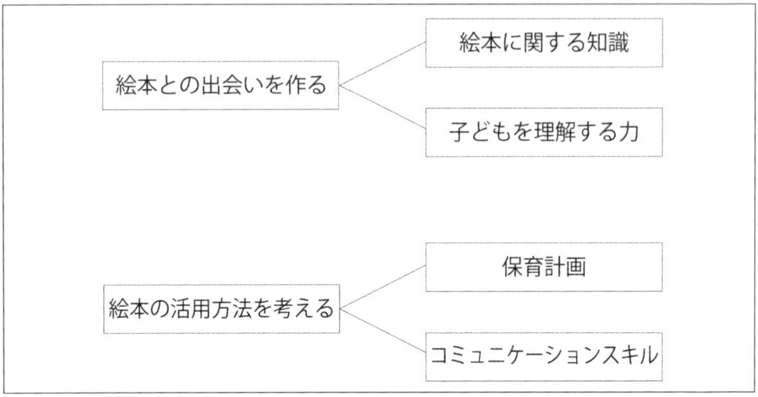

```
┌─────────────────────────────────────────────────────┐
│                                 ┌──────────────────┐  │
│                              ┌─ │ 絵本に関する知識  │  │
│   ┌──────────────────┐       │  └──────────────────┘  │
│   │ 絵本との出会いを作る │──┤                          │
│   └──────────────────┘       │  ┌──────────────────┐  │
│                              └─ │ 子どもを理解する力 │  │
│                                 └──────────────────┘  │
│                                                        │
│                                 ┌──────────────────┐  │
│                              ┌─ │ 保育計画          │  │
│   ┌──────────────────┐       │  └──────────────────┘  │
│   │ 絵本の活用方法を考える │──┤                       │
│   └──────────────────┘       │  ┌──────────────────────┐│
│                              └─ │コミュニケーションスキル ││
│                                 └──────────────────────┘│
└─────────────────────────────────────────────────────┘
```

筆者作成

（1）絵本との出会いを作る

　絵本と子どもの出会いには、特に子どもの年齢が低い場合、子どもの傍らに絵本を手渡す大人の存在があります。その際、手渡す大人というフィルターを通して、子どもは絵本と出会うことになります。大人は常にそのことを忘れてはいけません。

　子どもと絵本との出会いを作るということは、目の前にいる子どもに出会ってほしい絵本を選ぶということになります。ただ、大人がその子どもにと思って絵本を選んでも、その絵本をどう受け止めるかは子どもに委ねられているのです。強いることなく子どもといろいろな絵本を楽しみたいものです。

　目の前の子どもに、かけがえのない一冊と出会う機会を与えることはとても難しいことです。子どものことをよく理解していなければなりませんし、絵本の引き出しも多く持っていなければなりません。絵本の引き出し、それは選書ということにもなります。

選書については絵本の研修等で多く質問されることです。絵本は毎年、1000冊前後出版されており、膨大な数の絵本が存在します。その中から絵本を選んでいくのは本当に難しいことです。なるべくたくさんの絵本を読むことが自分の「絵本の引き出し」を拡げるためには必要なことです。ただ、それが義務になってしまわないようにしていただきたいと思います。自分が楽しいと思わなければ勧める相手にも楽しさは伝わりません。「一人ひとりの子どもに出会って欲しい」と思う絵本を選ぶためには多くの絵本を知ってほしいと思う反面、それだけが重要だとも言えません。まずは子ども達と楽しみたいと思える絵本に自分自身が出会うことが大切なのです。

　ある園で絵本の研修をした際、先生方に筆者が持参したいろいろな絵本を見ていただきました。その中に言葉あそびの絵本があり、その絵本を手に取った先生が担当している子ども達に読みたいと言われました。その先生が担任をしているクラスは1歳児でした。言葉あそびの絵本は1歳児では難しいのではと思っていると、担任クラスの子ども達はパンダが大好きなのでテキストのリズムもきっと喜ぶと言われました。毎日、子ども達とともに生活し、子ども達のことをよく知っている先生ならではの発言だと心に深く残りました。私たちは選書をする際、その絵本の内容を子ども達が理解できるかと考えることがあります。それは内容を理解できた方が絵本をより楽しめると思うからです。しかし、この先生のように「この絵本をクラスの子ども達と楽しみたい」という気持ちが一番大切なのかもしれません。

　人が生きていくための〝根っこ〟を育てるという人生で大切なこの時期を子どもの成長を日々感じ、ともに一日の大半を過ごす保育者は子どもと絵本の出会いを作るという役目を担うのに最も適した立場にいるのです。

　自分も楽しみながら、手渡したい子どもを思い浮かべながらできるだけたくさんの絵本を読んでください。その際、黙読ではなく音やリズム

を感じながら声に出して読むことが大切です。

　保育の仕事は大変忙しいので自分自身がゆったりと絵本を楽しむ時間をとることは難しいのが現状です。そのためにはそういう時間をもつための研修が必要だと思っています。自分が選ぶとどうしても自分が好きな絵本を選び、選書が片寄ります。もちろん、自分が好きな絵本を選ぶことが絶対条件ですが、子どもが多様であることを考慮すれば選択の幅を広げておくことも大切です。そのためにも、複数の人で絵本を読み合うことが効果的なのです（自分がその絵本を子どもたちと読むかどうかは別として）。

（2）絵本の活用方法

　もう一つの絵本活用能力は、「選んだ絵本をどのように子どもと楽しむか」を考える力です。

　一つは、どのように絵本を保育計画に位置付けるかということです。絵本の年間計画を作成したり、その月や週に読む絵本を決め、月案や週案に記載します。そのためには事前に園内研修や学年（年齢）別での話し合いを行う必要があるため、短時間でもよいので定期的に話し合う時間を確保できるとよいと思います。また、次年度に生かすために読んだ絵本の記録をとっておくとよいでしょう。

　もう一つは保育の中でどのように子どもと絵本を楽しむかを具体的に考えることです。

　環境を整えた上で、保育の活動として考えること。また、活動としてではなく、子どもと絵本を読む時間を確保すること。

　活動として考える場合は、絵本ありきではなく、子どもの興味関心を踏まえて子どもと読みたい絵本を選び、読んだ時の子どものつぶやきをていねいに拾って活動につなげていくことが大切です。

　「今年の発表会はこの絵本を題材にした劇ごっこをしたいからその絵本を読む」というように保育者主導で進めていくのではなく、あくまで

も子ども主体で活動を考えていかなければなりません。そのことが子どもの主体性を尊重した保育につながっていきます。

　集団で楽しむことも大切ですが、ぜひ、子どもと一対一で絵本を読みあう時間も作ってほしいと思うのです。絵本を読むことは子どもだけでなく、読み手にとってもよい効果があると泰羅雅登は書いています（2009）。保育者にとってもかけがえのない幸せな時間となりますのでぜひ生の声で読んでいただきたいと思います。

（3）終わりに——絵本の力

　筆者は保育者養成校に勤務していますが、『はらぺこあおむし』のあおむしや『ねないこだれだ』のおばけがついたTシャツを着ていたりかばんをもっていたりすると、学生たちが「それ、知ってる」「小さいころその絵本を読んでもらった」と声を掛けてくれます。年齢が筆者の3分の1ほどの学生たちと絵本の話をしたり、同じ絵本を手に取ったりすることができるということは、読み継がれてきた絵本ならではです。普段忘れていたとしても、登場人物（動物）を見た途端、読んでもらった声や温かさや笑顔がよみがえってくるのです。そういう話をしてくれる学生たちはみなとてもうれしそうでした。小さいころの絵本体験は大切な記憶としてずっと残ります。子ども達とゆったりと絵本を楽しめる保育環境を作っていきたいと思うのです。

　最近は、「デジタル絵本」という言葉が聞かれるようになりました。はじめからデジタル用に作られた絵本や、紙の絵本をデジタル化したものもあります。デジタル機器一台に大量の絵本データを記憶させることができるので、さながら絵本棚を持ち歩いているようです。デジタルと紙のどちらがよくてどちらが悪いということではなく、今後は両者が混在していくことになるかと思います。紙の絵本はなくなっていくのではといった意見も聞かれます。しかし、紙の絵本は大きさ、重さ、手触りなど一冊、一冊が個性を持っています。個性を大切にする今だからこそ、

一人ひとりの子どもを大切にし、一冊、一冊の絵本を大切にしたいものです。

【引用・参考文献】

厚生労働省「保育所保育指針解説　平成30年2月」〈https://www.mhlw.go.jp/file/06-Seisakujouhou-11900000-Koyoukintoujidoukateikyoku/0000202211.pdf〉（2023.10.23最終アクセス）

杉山喜美恵「幼稚園教育要領・保育所保育指針における「絵本」の位置づけ」『東海学院大学短期大学部紀要』第48号、2022年

ひがしなおこ作、きうちたつろう絵『あめ　ぽぽぽ』くもん出版、2009年

平山和子『くだもの』福音館書店、1981年

松谷みよ子文、瀬川康男絵『いないいないばあ』童心社、1967年

こがようこ構成・文、降矢なな絵『おせんべ　やけたかな』童心社、2018年

みなみじゅんこ『どんぐりころちゃん』アリス館、2013年

かがくいひろし『だるまさんが』ブロンズ新社、2008年

かがくいひろし『だるまさんの』ブロンズ新社、2008年

かがくいひろし『だるまさんと』ブロンズ新社、2009年

A・トルストイ再話、内田莉莎子訳、佐藤忠良画『おおきなかぶ』福音館書店、1966年

なかのひろたか作・絵、なかのまさたかレタリング『ぞうくんのさんぽ』福音館書店、1977年

きくちちき『でんしゃ　くるかな？』福音館書店、2021年

泰羅雅登『読み聞かせは心の脳に届く』くもん出版、2009年

エリック・カール作、もりひさし訳『はらぺこあおむし』偕成社、1976年

せなけいこ『ねないこだれだ』福音館書店、1969年

第5章　保育者に必要な音楽的援助とその技術

第1節　保育における「音楽」

1　幼児教育と保育を学ぶこと

　保育とは保護と教育（養育）という二つの言葉が結びついてできているといわれています。保育も教育も集団の中で子どもたちの発達を援助するところであるという点は共通しています。

　「保育者」は、子育て経験の有無に関係なく、専門家として訓練を受けた人が、家庭から子どもをあずかり、保育や教育をすることなります。そのため、科学的で学問的な知識と技術を使って集団を対象として子どもへ働きかけをおこなっていきます。「保育を学ぶ」ということは、経験と知識を総合的に結びつけることです。保育の専門家として明確な教育的意図をもって計画的に保育するために必要な知識を学ぶ必要があります。

　表現活動という観点で考えるならば、保育者自身が常日頃から広い視野を持ち、子どもにしかできない表現の味わいに感動できる感性を磨いておく必要があります。なぜなら、子どもの音楽表現は大人の求める音楽表現とは全く異なるものだからです。

2　幼児教育・保育の「領域」の考え方

　子どもの発達は総合的なものですが、幼児教育・保育の「領域」はこれをいくつかの側面から見ていこうとするものであって、その視点とし

て5つの領域を設けたと理解する必要があります。

（1）発達を支えるための活動

　保育における音楽活動は保育者が主導して教えるものではなく、子どもの発達を支えるための日常的な営みであることを意味しています。つまり、教えるものではなく、遊びの中で楽しむことと言い換えることができます。心地良い音を味わい、やがて自分たちでも音を出したり、試行錯誤しながらもきれいな音を出そうとします。これが保育における音楽の主体性です。

　子どもには環境の中にある音に対して感動できるような経験が必要です。経験を通して、それが印象的な出来事として子どもの発達を支え、心に残る経験となり、個々のパーソナリティの醸成に影響するからです。

（2）3法令から見る「表現」の位置づけ

　文部科学省が定める「幼稚園教育要領」、厚生労働省が定める「保育所保育指針」、内閣府が定める「幼保連携型認定こども園教育・保育要領」から音楽や表現の位置づけについて見ていきましょう。

　「保育所保育指針解説」では、「豊かな感性と表現」について以下のように示されています。

> 　心を動かす出来事などに触れ感性を働かせる中で、様々な素材の特徴や表現の仕方などに気付き、感じたことや考えたことを自分で表現したり、友達同士で表現する過程を楽しんだりし、表現する喜びを味わい、意欲をもつようになる。

　「幼児教育において育みたい子どもたちの資質・能力」は以下の3点が示されています。

① 知識及び技能の基礎
② 思考力、判断力、表現力等の基礎
③ 学びに向かう力、人間性等

　①は音や音楽を媒体とした表現のための基礎的な技能の獲得として、体験を通して感じ、気づき、理解し、できるようになったりすること、②は自分なりに考えたり試行錯誤したり工夫して様々な素材を使って表現する喜び、③は音の美しさや面白さに対する感覚（意欲と態度）を育て、より良い生活を営もうとすることなどを意味しています。
　1歳以上3歳未満の子どもに対する「表現」のねらいは以下のように示されています。

① 身体の諸感覚の経験を豊かにし、様々な感覚を味わう。
② 感じたことや考えたことなどを自分なりに表現しようとする。
③ 生活や遊びの様々な体験を通して、イメージや感性が豊かになる。

　3歳以上の子どもに対する「表現」のねらいは以下のように示されています。

① いろいろなものの美しさなどに対する豊かな感性をもつ。
② 感じたことや考えたことを自分なりに表現して楽しむ。
③ 生活の中でイメージを豊かにし、様々な表現を楽しむ。

3　子どもと"音"との出会い

（1）「聞く」から「聴く」へ
　ヒトの「聞く」機能については胎児期に既に完成しており、5～6か月頃から母親の胎動の音を聞いていると言われています。また、お腹の近くで大きな音を立てると胎児が反応して動くことがあります。音との

出会いは、生まれる以前より“聞くこと”によって始まっているのです。

　人間は多くの音の中で生活をしています。私たちの心の中には、小さい頃に聞いた音の記憶が、何らかの感情と結びついて残っていることもあります。

　子どもは日々、身近な人的環境・自然環境から心動かす体験をしています。自然音（風の音や雨の音、鳥や虫、動物の声など）や、環境音（電車や車などの人工物が発する音、人間の生活音など）は、周囲を取り巻く身の回りの身近な人たちが提供しています。他者（特に大人）の存在は子どもに大きな影響を与えます。子どもは他者との関わりの中で、多くの音に出会い、様々なことを知る経験を重ね、各々の価値観や表現を発展させていきます。

　子どもは「聞こえる」存在から、意識的に「聴く」ことで音や音楽の存在そのものが心を動かすものであることを少しずつ体験的に認識していきます。内的な意識ができれば、やがて外的なものにも意識が生まれ、自然や生き物に対する興味や関心を持ったり、日々の何気ない生活の営みに対して期待や楽しさを感じたりするきっかけになります。

　保育者（大人）の提供した音楽や環境から音楽を愛好する心情が養われ、歌ってみたい、音を鳴らしてみたいという意欲につながるようになります。この意欲があれば、楽器の上達も早く、それでいて楽しく勉強を進めることができるといわれています。音楽好きになれば上達も早く、できるようになればますます好きになります。

　このように、優れた音楽の受容経験は豊かな感情経験を積み、感受性の発達を促進させながら音楽性をも培います。保育や教育の活動の中で出会う様々な音楽も、子どもの心の動きに大きな影響を与えることは想像に難くありません。

（2）子どもの成長の根幹は「遊び」から

　保育者は子どもの幼児期の豊かな感性や表現を、保育や教育の様々な

場面において遊びの中で経験させながら、総合的に且つ一体的に育めるように努めなければなりません。

　遊びは保育や教育の基盤であり、成長の根幹を成すものです。子どもの健康な体や社会性、言語能力、探究心などの自主性は遊びを通して育まれると言っても過言ではありません。

　保育者は自由に遊んでいる子どもの活発な"心の動き"を敏感にキャッチすることが重要です。なぜなら、これが「内なるもの＝表現欲」の原石だからです。

　遊びは子どもの自発性が前提になることは言うまでもありませんが、保育者は先述の「幼児教育において育みたい子どもたちの資質・能力」を育むための"手段として"遊びがあるわけではないことを理解する必要があります。

　それは音楽表現の活動も同じです。保育者や大人が準備した活動に向かわせるのではなく、遊びの中で子ども自身が興味・関心を持ち、試行錯誤を繰り返しながら、それが表現活動になっていくというプロセスが大切となります。子どもの表現活動は、遊びの中で培われた体験を土台として、素朴な形で表れます。そのため、楽器や物、自然など身の回りにあるすべてを音あそびの道具として見立てることは、子どもの成長面からも極めて有効だといえます。

　子どもは日々の生活や遊びの中で様々な経験をします。色々なことを発見し、時には驚き、様々な場面に感動することで、それをもっと知りたいと思ったり、できるようになりたいと思ったり、様々な欲求を持つようになります。やがて子ども自身が誰かに向かって、何かしらの方法でその欲求を表したいと思うようになります。これが表現の土台なのです。このプロセスは、ある意味で創造活動と捉えることができるでしょう。

（3）表現の発芽

　子どもの音楽表現は常に新しく生まれ変わり、さらに新しいイメージ

を湧かせていきます。では、子どもにとって表現や音楽とはどのような存在なのでしょうか。

　先述の通り、子どもの表現の根源は生活と環境の中にあります。身の回りには子どもたちの興味を引く音であふれているからです。日々の遊びから自然の美しさや素晴らしさ、驚きや感動などの心の動きが沸き起こる場合もあります。これらの経験から自分自身の"内なるもの"に気づき、素材と関わりながら自ら工夫して外に出そうと試みます。経験によって心の動きが活発になっていくのです。このような経験を通して、子どもは「こうしたい」という欲求を持ち、対象となる物や人に働きかけるようになります。内なる表現欲を動きや声、音、色、形などを媒体として外に向けて出されたものが表現の根源です。

　音を使って遊ぶことはほとんどの人が体験していることです。例えば、遊びの中で偶然見つけた"音の出るもの"を鳴らしたりして、お気に入りの音や面白い音を発見するようになるとします。すると、これを再現し、繰り返そうと夢中でその音を追いかけるようになります。音を再現する方法を見つけ出し、自分で創り出せるようになる楽しさを感じるようにもなります。このような"偶然みつけたものを再現すること"が「表現の発芽」だと考えることができます。なぜなら、これは子どもが再生したい音を探すということを意味しており、思考をめぐらせながら意図的に"音を奏でている（＝表現）"と解釈することができるからです。このような豊かな表現活動が、後々の子どもの生活と成長に大きな影響を及ぼすようになるのです。

　音楽表現の技術とは、子ども自身の内なる表現欲を歌や音を通して他者に伝える力と言い換えることができます。

（4）音あそびとオノマトペ

　オノマトペとは生活における様々な音や様子を言葉で表したものです。特に後述する乳幼児の発達過程においては、周囲の大人との相互作用に

おいて、感情に関わる音声情報が果たす役割は特に大きく、この時期の保育のコミュニケーションにおいてオノマトペは欠かせません。

　保育現場で、歌の中に出てくるオノマトペの部分を子どもがくり返し真似る様子が見られるのは、聞こえる音響の面白さと発音する楽しさがあるからだと考えられています。環境にある音だけではなく、子ども自身が発する音声それ自体も遊びの対象だからです。このような遊びがやがてリズムを伴い、歌になるのです。筆者が以前、子どもの歌400曲を調査した結果、68%（270曲）においてオノマトペが使用されていました（山﨑，2023）。

4　"援助者"としての保育者

　援助者として保育者の役割は極めて重要です。これには、子どもに対して「自分でもやってみたい」と思わせるような活動モデルを提示することが大切で、子どもの自主的な活動を援助するために欠かせないのが「環境構成」です。

　「保育所保育指針」では、保育における環境を３つの側面から捉えています。これを音楽表現に限定すると以下の通りに整理することができます。

① 　人的環境（保育者や大人、子どもなど）……音楽に対する保育者の
　　共感的関わりなど。
② 　物的空間的環境（施設や教材など）……音の出るもの、歌や音楽、
　　音を鳴らせる空間など。
③ 　自然や社会の現象……自然現象、物音や鳴き声、季節の行事など。

（1）環境構成

　例えば、食事をしながら子どもと話をしたり、微笑み合ったりすることは、子どもの心の安定をはかり、親しい人とコミュニケーションを交

わすことを自然にトレーニングしていることになります。このような「自然なトレーニング」を創出（プロデュース）することが環境構成です。

　保育者は子ども一人ひとりが自分らしさを表現することができる自由な環境を保障することが重要です。子どもは自分が興味・関心を持つことには積極的に行動するため、環境が保障されることによって、のびのびと活動に取り組むことができるようになるからです。

　環境構成も広義な意味で、保育者がおこなう援助の一つです。子ども一人一人の思いを表現できるように援助することが何よりも大切となります。主体性を引き出す言葉がけは子どもの意欲につながります。

　子どもは興味のある事柄には、自ら遊びを展開することが得意です。遊びを通して達成感が得られるようになると、次の活動へ発展させていこうと動き出します。そのため、保育者は子どもの遊びを円滑に進めるように援助することも重要となります。

　音楽表現を支援するためには、子どもが思わず歌いだしたくなるような空間を設定する技術が必要となります。子どもの音楽表現を育むためには、保育者が設定した環境を通して自発的で意欲的に音や音楽に関わることができるように工夫することが大切です。保育者は子どもが感じ、考え、工夫するという表現のプロセスを大切にしながら、子どもの表現を支援することが求められます。「おもしろそう。やってみよう」が「できた。おもしろかった」となり、「またやってみたい」と好循環をもたらすのです。

　自然環境や人的環境から真似しながら育まれる表現は、子どもの音楽的な意欲を育てるだけではなく、他の五感とともに、感じる心の豊かさや創造力、知性をも育んでいきます。

　保育者は子どものやる気を大切にしながら、子どもの戸惑いやつまずきを的確に捉えてタイミングよく助言するなどして援助することが大切です。この時、言葉がけや助言の提示方法などにも留意する必要があります。子どもの反応に対して機敏に気が付き、子どもが表現のイメージ

を浮かべられるように適切な援助をおこなっていくことが必要です。「聴く」「歌う」「動く」「奏でる」といった音楽の表現活動に取り組むには、保育者による適切な支援と助言を通して、一緒に取り組むことが何よりも大切です。

　環境構成は物的・人的なものだけではありません。活動の空間・イメージ作りとしての環境構成もあります。例えば歌唱活動では、いきなり歌い始めるのではなく、それぞれの歌に合った子どもの動機づけを工夫しなければなりません。そのためには自然な導入が不可欠となります。具体的には素話、シアター遊び、手遊びなどです。絵本を読み聞かせることによって自然に歌いたくなるように導くことも1つの方法です。また、歌詞にある言葉の意味や情景などをわかりやすく説明するなど、活動の動機づけや興味づけとなるような言葉がけをおこなうことも重要です。導入をおこなうことできっかけ作りとなり、子どもの表現のイメージを広げ、音楽活動そのものを好きになってくれるようになります。活動の際はこうした音楽の空間や表現のイメージを考慮した環境も併せて構成する必要があります。

（2）個々の子どもを把握すること

　保育者は遊びの中で子ども全体を観察し、一人一人の個性を大切にしながら発達過程に適した活動と援助をどのように行えばよいかを考える必要があります。

　先述の通り、子どもの主体性を尊重した活動を意識する必要がありますが、日々の子どもとの関わりの中で個々の心の動きを把握し、子ども同士がどのような付き合い方をしているか、何をしたいと思っているかなどを理解することが重要です。言葉が未発達な子どもだからこそ、態度で大人に援助を求めている場合も多々あります。それを読み取って援助したり、子どもが達成したいという気持ちを把握して、環境条件を整えるなどの働きかけが大切となります。

表現活動を援助する際は、子どもの表現の生成過程に目を向けなければなりません。表現に達するまでに、子どもが何を感じ、どのように考え、どのように表現しようと行動したか、なぜそのように表現したかなど、表現活動の進行そのものを捉える視点を持つことが重要です。そのためにも個々の子どもを把握することが必要となります。

第2節　発達について

1　「生涯発達」という考え方

　これまで「発達」とは"子どもから大人への変化"という限定的な意味で捉えられていましたが、現在では生涯発達という観点から、"受胎から死に至るまでの心身や行動が変化していく過程"という意味で用いられています。ここでいう"変化"は時間の経過と共に右肩上がりで直線的に良くなっていくとは限りません。実際はもっと複雑で、様々な様相があります。生涯発達の観点では、ポジティブな面だけではなく、ネガティブな面も含めた変容そのものを発達として捉えています。保育者は、一生涯続く発達の最初の時期として乳幼児時期を捉えていく必要があります。

　乳児は保護者をはじめとする養育者の援助があって初めての潜在能力が引き出されるようになります。こういった理由もあり、ヒトの子どもは家庭という社会環境の中で育てられ、生命の安全が保護されます。そして、家庭環境に参加することで様々な影響を受けながら発達を助長させていくのです。

2　音楽的発達（Musical development）について

音楽的発達は環境的な要因が大きく影響されるといわれています。例

えば、子どもは成長に伴い、保育者（大人）との関わりの中で歌を獲得するようになります。低年齢児には音符や文字などの記号が介在していないため、「聴いて、（模倣しながら）覚えて、歌う」の連続で歌を獲得していると捉えることができます。

　このように考えると、子どもの音楽的発達のために、保育者はどのように関わるべきかを考える必要があります。そのためにはそれぞれの年齢の音楽的発達を理解しなければなりません。

（1）乳児（受動的リズム運動時代①）

　乳児は"聴く事"から出発し、次第に部分的に模倣できるようになっていきます。母親に近い比較的高い音に安心するといわれ、生後1週間すると大きな物音に反応するようになります。

　生後2〜3か月目になると、音のする方向へ注意を向けたり、母親と他人の区別が付くようになります。また、心地よい音には笑ったり、不快な音に対しては泣いたりするようになります。

　生後4か月目になると、音のする方向に振り向くようになります。入力音の大きさや時間差を脳で分析することができる証拠であり、これを「音源定位」といいます。

（2）1歳（受動的リズム運動時代②）

　音楽を聴いて手を叩いたり、足をトントン動かしながら踊るような動作をするようになります。これは意識的に音楽と拍節とを同期させようとしていることを意味しています。また、楽しい体験に繋がった音楽や静かで落ち着きのある美しいメロディの音楽を好み、これをくり返し聞くようになります。

　乳児から1歳頃は受け身のかたちでリズムを感じる時期と言われています。ただし、リズムや拍などの概念はなく、感覚の世界で楽しむのが特徴です。大人の影響で音楽を享受し、音楽を聴く事の喜びを味わうよ

うになることもこの時期の特徴です。

（3）2歳（能動（発動）的リズム運動時代）

リズミカルな刺激に対して身体全体で反応を示す時期です。テレビや YouTube などのメディアの音楽に合わせて身体を動かすことに楽しさを感じるようになります。音や音楽に対して発動的に様々な動きをするようになり、好きな音楽を繰り返して聴いて喜ぶなど、音楽の好みができてきます。

（4）3歳（模倣時代）

音楽を聴きながら身体を動かすことが少なくなり、集中して音楽を聴くようになります。また、簡単な曲を聴いて覚えられるようになる時期でもあります。

この時期からは頻繁に周囲の大人の真似をして、自分の生活体験を広げ、それを繰り返しながら自分のものにしていく傾向が見られます。簡単な曲を覚えて口ずさむなどのほか、模倣による習慣形成が行われます。また、自分の好きな曲をリクエストしたり、自分で進んで聴こうとするようになります。

2～3歳児は未熟な表現しかできませんが、周囲の大人を中心に積極的に模倣活動を楽しむ時期です。そのため、保育者が子どもの意欲を引き出すような適切な言葉がけなどをおこなうことによって、自信を持つようになり、表現しようという行動が促進されるようになります。

（5）4～5歳（能動的音楽聴取時代）

4歳頃になると音楽の好みが一層はっきりし、手拍子や片足で拍子が取れるようになります。聞く行為の発達も顕著に見られ、「音が聞こえる」という受動的な状態から、より積極的に音楽を聴き、音に反応する行為へと辿るプロセスを見ることができます。

（6）6歳〜（実感時代）

自分の生活体験に基づく実感を大切にする時期といわれています。抽象的な理論よりも、体験に基づいた具体的な音楽や物語に興味・関心を持つようになります。

第3節　音楽的な技術について

保育者は音楽や歌の技術だけにとらわれずに、とにかく「音楽はとっても楽しいものである」という意識を常に持ちながら、子どもたちに対してそれを前面に伝えるための援助をおこなっていく必要があります。

1　歌唱活動について

（1）歌は遊びで楽しいこと

子どもの音楽表現の手段として最も身近で親しみのあるものは歌唱活動です。子どもは生活の中で好きな歌や歌いたい歌を発見すれば自らすすんで歌うようになります。歌うことは子どもにとって遊びであり楽しいことなのです。

子どもが音楽と楽しく親しむためにも、まずは保育者自身が音楽を楽しむことが前提となります。保育者が音楽を口ずさんだり、一緒に歌ったりすることによって、いっそうその音楽に対する関心が高まります。保育者はくり返し歌ったり、聴かせる事で子どもの関心を高め、意欲を持続させるために環境を整えながら適切な働きかけをおこなうことが必要となります。

保育者に知っておいて欲しいことは、正しい演奏ができるよりも、歌うことが大好きな保育者であるほうが子どもの人的環境として適切であるということです。そのためにも、保育者は子どもと"一緒に"楽しむことを心がけてください。一緒に歌うことで感動を共有することを楽し

むようにもなりますし、保育者が子どもの興味を引き出すことができれば、それが子どもにとって好きな歌となり、自然に声を出して歌うようになるのです。

（2）求められる"歌唱力"

　大人の模倣をするという点を鑑みると、保育者が子どもに聴かせる歌は"正しい音程と発音で歌われた美しい声"であることが理想です。

　初めて取り上げる歌は保育者の模範唱や歌詞模唱が必要となります。子どもは保育者の楽しそうな歌唱を模唱することで歌えるようになるため、まず模範唱によって音楽全体のイメージを描かせることが大切です。保育者自身が知らない歌は当然歌えないため、それを伝えることもできません。後述するポイントを踏まえて、たくさんの楽曲を知っておく必要があります。子どもに歌を教えるということは、大げさに言えば"文化の継承"ともいえます。保育者は表情豊かに歌い、音楽の美しさと感動を伝えられるようにして、子どもの興味を引き出させるような歌い方を心がけてください。

　子どもの歌唱には声楽の専門的な発声指導は必要ありません。しかし、無駄に声を張り上げたり怒鳴るように歌ったりすることがないように、子どもの発達に適合した無理のない歌声になるように支援しなければなりません。

（3）歌唱活動の注意点

　保育者は常に子どもたちが気持ちよく楽しく歌えているかについて確認しながら、子どもの動機づけを大切に保つようにしなくてはなりません。

　注意しなければならないことは、大人の感覚を押し付けることで音楽の技術向上が最優先になるような活動になってはいけないということです。大きな声で歌えるようになること、そのための無理な発声練習、観

客に見せるための合唱、楽譜通りに正確に演奏できるようになることを目指した活動は、そもそも音楽表現の活動ではなく、演奏技術の習得のための活動です。難易度の高い楽曲を歌ったり演奏したりすること自体が活動の目的になってもいけません。

また、「この部分はこう歌いましょう」や「楽譜通り演奏しましょう」といった働きかけをおこなった場合、子どもの内にある表現欲は切り離されてしまいます。保育者の指示通りの演奏は音楽表現ではありません。このような"教え込むこと"による音楽との関わり方を続けると、子どもの音楽に対する感性は育つどころか、少しずつ鈍っていくことになります。このような活動は子どもの主体的な活動と大きく乖離しており、将来的に子どもが音楽嫌いになってしまう原因を作ることになります。

子どもの根底にある表現欲を保育者が上手に刺激しながら引き出し、「表現するために上手になりたい」という"求める気持ち"が子ども自身に沸き起こらなければ、その演奏技術は表現としての価値はありません。

保育者は子どもが思い切り声を出したいという欲求を受け止め、歌うことを通して子どもに何かを感じさせたり、気づかせたり、音楽そのものの楽しさを体験してもらうことを目標に活動を構成することが何よりも重要です。

（4）選曲のポイント

幼稚園、保育所での生活は歌で満たされています。そのため、音楽活動における選曲は良い保育になるかを左右するといっても過言ではありません。ここでは選曲の留意点を述べます。

まず、保育者は子どもの年齢に応じた声域の理解が大切です。技術的な問題はないか（歌いやすいか、覚えやすいか）などにも配慮する必要があります。喉は筋肉でできていますから、正しく使えば使うほど身体運動機能の成長として磨かれ、発声や発音に関わる諸筋肉が刺激される

ことによって技術的にも発達が促進されます。しかし、声域に配慮しないことによって無理が生じ、声を酷使させてしまう場合もあるため注意が必要です。

　歌詞を通して言葉の獲得に影響を及ぼすため、歌詞の内容が子どもの実態に即したものなのかにも考慮する必要があります。できるだけ幼稚園や保育所などの子どもの生活の場で実際に経験できるような身近な言葉が使われた内容が歌詞に取り込まれているものを選曲することが大切です。保育現場では、季節の歌や行事に関する歌、生活の歌などが選曲されることが多いですが、子どもたちの間で流行っているアニメの歌や遊びの歌など様々なレパートリーを準備しておくことも大切です。

　上手に歌うことよりも、生き生きと楽しんで歌えることの方が保育における音楽の位置づけとしては良いとされています。しかし、楽しければどのように歌っても良いというわけではありません。「大きな声で」や「元気に」などの言葉がけは地声を張り上げ、できるだけ大きい声を出すこと自体が歌の目的になってしまい、無理が生じて音声障害になるなどとても危険です。

2　ピアノについて

（1）何のために練習するのか

　ピアノはできる、できないが如実に表れやすいものですが、「保育のためにピアノを弾かなければならない」という意識で練習することはおすすめできません。苦手意識があるからこそ、練習そのものが億劫になってしまう場合もあります。保育者が音楽を楽しまなければ、子どもが楽しく歌うことはできません。

　先述の3法令の「ねらい」を達成するための内容について、子どもの豊かな感性や表現する力を養い、創造性を豊かにするためには「音楽に親しみ、歌を歌ったり、簡単なリズム楽器を使ったりする楽しさを味わう」とあります。しかし、「ピアノに親しみ、ピアノで弾き歌いをする」

とは記されていません。保育者にとってピアノは弾けることに越したことはありません。弾けた方がより豊かな保育を展開することができることも事実です。しかし、"上手に弾くこと"は必ずしも求められてはいないのです。

（2）練習の心構え

　誰にでも「できないこと」はあります。しかし、「できない」を練習しない理由にしてはいけません。できないことをできないままにしてもいけません。先述の通り、保育者には常に知識のアップデートと技術の鍛錬を続けることが求められています（「保育所保育指針」第5章）。できないことを嘆いても弾けるようになりません。現実を受け止めて向き合い、乗り切る力も時には大切なのです。練習は苦しいこともあります。弾けない箇所がたくさん出てきて苦戦することもあります。投げ出したくなることもあります。毎日10分でもいいので、忍耐強く、ていねいに何度も練習することが重要です。

　そのためには"毎日続けること"が大切です。練習は「努力」ではなく、「習慣」です。習慣になるように継続することが重要です。習慣になれば、練習の苦しさが軽減されるようになります。子どもたちが楽しそうに歌っている姿を想像して頑張ってみてください。

（3）「苦手」を克服するヒント

　まず、大前提としてピアノは"両手で弾くもの"という先入観を捨ててください。歌のメロディだけを右手で弾いて、それに合わせて歌ってみるだけでも大丈夫です。保育者が楽しそうに歌っていれば、子どもたちがピアノの周りに集まってきて一緒に歌ってくれます。なんだか安心しませんか。また、手遊びなどはア・カペラで行うことが多いですから、弾けない曲であればア・カペラで歌うのも良いでしょう。伴奏をするときは必要最低限の音で、"最後まで止まらないで弾き切ること"を目指

してみてください。

　ピアノは歌の伴奏のほかにも劇やお話などの効果音としても使用することができます。「伴奏をするための楽器」として捉えるのではなく、豊かな保育を展開するための、「子どもと保育者をつなげる道具」として捉えてください。上手に演奏できなくても、自分らしくピアノを使っていくことを心がけてみてください。

　技術の習得に目を向けてばかりいると表現する楽しさに気づきにくくなります。ICT の活用が当たり前の現代だからこそ、デバイスを活用してピアノの技術を補うこともできます。CD を使うことや、カラオケのアプリケーションなどもあります。保育者は子どもたちに音楽の楽しさを色々な角度から味わってもらうための方法を考えることが大切です。手遊びやリズム遊びなど、子どもに音楽の楽しさを伝える方法はいくらでもあります。ピアノがよく弾ける人に限ってそれに頼ってしまう傾向がありますから、「ピアノが苦手」を逆手にとって色々な工夫をしてみましょう。

　人前で演奏するにあたって、緊張しない人は絶対にいません。何度も舞台で演奏している人でさえ、本番の前は緊張するものです。この適度な緊張状態によって、かえって力が抜けた自由で表情豊かな演奏になる場合もあります。

　そのためにも、練習の段階から人前で演奏することに慣れておく必要があります。これには、友人同士で演奏し合う機会を増やすことが良いでしょう。ただ、練習をしないことから起因する "不安の緊張" もあります。「間違えるのは当たり前」という気持ちで細かいことを気にせずに堂々と演奏することも大切ですが、日々の練習を通して「たくさん練習したから大丈夫」と自信を持つことも大切です。

3　弾き歌いについて

（1）ピアノよりも歌が重要

　保育実習や就職の準備を考える際、ピアノの練習にばかり気を取られ

がちですが、保育活動での音楽はピアノの"弾き歌い"が中心となります。弾き歌いで重視しなければならないのはピアノのテクニックよりも"歌"と言っても過言ではありません。歌うことを前面に出して演奏することが大切なのです。声量に自身がない人ほど、伴奏の音量が大き過ぎてしまう場合がありますので、歌が苦手な人ほど逆に伴奏の音をできるだけ控えめにして、歌うことに気持ちを集中させましょう。

　ピアノが上手に弾けることに越したことはありませんが、上手に弾けるからといって子どもが楽しく歌うとは限りません。しかし、歌が上手に歌えなければ子どもの「歌いたい」という意欲が半減されると言っても良いでしょう。子どもはピアノが上手な大人よりも、歌が上手な大人の方に意欲的に表現したいと思うようになります。

　鍵盤や楽譜を見ることに集中し過ぎないことも大切です。芸術的な演奏ではなく、あくまで保育活動として音楽をしているわけですから、保育者は"楽しそうに美しい声で丁寧に歌うこと"を念頭に、目の前の子どもたちの表情に目配せしながら演奏することが求められます。重要なのは子どもが気持ちよく楽しく歌えるように心がけることです。

（2）　練習の方法

　いきなり弾き歌いをしようと思わず、上手に歌えるようになってから伴奏と合わせるようにしましょう。

①　右手だけで練習する

　歌のパートは右手と同じ場合がほとんどです。右手でメロディを弾く練習をして、それに合わせて歌ってみましょう。

②　左手だけで練習する

　伴奏の形はオリジナルが理想ですが、それが難しいと感じる場合は機能和声を応用して簡易伴奏やコード伴奏などに編曲してみましょう。そのためにも音楽理論（楽典）の知識は欠かせません。

③　両手で練習する

　右手と左手それぞれが弾けるようになってから両手で合わせるようにしましょう。楽譜通りに弾こうと思わず、自分が弾き歌いしやすい最大限の状態をつくり出すことが大切です。慣れてきたら、少し大げさに表現したり、強弱の変化をつけるようにしましょう。また、実際の保育活動を想定して周りを見渡しながら演奏する練習もしてみましょう。それがしっかりできているかを確認するためには録画をするなどして自分を客観的に観察することも大切です。

【引用・参考文献】

宮澤多英子『保育者養成のための子どもと音楽表現』一般社団法人日本電子書籍技術普及協会、2021年

桶谷弘美・吉良武志・熊谷新次郎・斉藤正義・杉江正美・高橋悦枝『［音楽表現］の理論と実際』音楽之友社、1997年

井口太代表編著『最新・幼児の音楽教育〜幼児教育教員・保育士養成のための音楽的表現の指導〜』朝日出版社、2018年

杉浦康夫監修、名古屋学芸大学ヒューマンケア学部編『子どもの育ちとケアを考える』学文社、2019年

櫻井琴音・上谷裕子編著『アクティブラーニングを取り入れた子どもの発達と音楽表現―第2版』学文社、2020年

谷田貝公昭監修、三森桂子・小畠エマ編著『音楽表現』（実践保育内容シリーズ5）一藝社、2014年

深見友紀子『苦手意識が消える！保育士・幼稚園の先生のためのピアノ克服法』ヤマハ、2022年

山﨑英明「子どもの歌におけるオノマトペとリズムに関する一考察〜擬情語に焦点をあてて〜」『リカレント研究論集』3、2023年、pp.72-81

◆執筆者紹介（執筆順）

長谷範子（はせ・のりこ）……………………………………［第1章］
　　名古屋女子大学短期大学部准教授

永井勝子（ながい・かつこ）……………………………………［第2章］
　　福岡こども短期大学教授

大賀恵子（おおが・けいこ）……………………………………［第3章］
　　岡山短期大学教授

杉山喜美恵（すぎやま・きみえ）………………………………［第4章］
　　東海学院大学短期大学部教授

山﨑英明（やまざき・ひであき）………………………………［第5章］
　　目白大学助教

現代保育内容研究シリーズ⑦

現代保育の理論と実践 I

2023年11月27日　初版第1刷発行

編　者　現代保育問題研究会
発行者　小野道子

発行所　株式会社 一藝社
〒 160-0014 東京都新宿区内藤町1-6
Tel. 03-5312-8890　Fax. 03-5312-8895
E-mail：info@ichigeisha.co.jp
HP：http://www.ichigeisha.co.jp
振替　東京 00180-5-350802
印刷・製本　株式会社丸井工文社

現代保育内容研究シリーズ 1
現代保育論

本書は、現代保育者の諸問題を性教育問題や諸外国の事例なども取上げ、保育のあるべき姿やそのあり方を提示した画期的保育論である。

contents

子育て支援センターにおける相談活動／保育者の専門性／保育者論／保育者と人間性／わらべうたと保育／実践の場で活用できる保育教材研究／幼小接続におけるカリキュラム研究 ―「道徳性」の育成―／諸外国における子育て支援／性教育問題／相談援助,etc.

[編] 現代保育問題研究会
A5判　並製　130頁
定価（本体 2,000 円 + 税）
ISBN978-4-86359-172-1

現代保育内容研究シリーズ 2
保育の内容と方法

本書は、各「領域」の意義を述べるとともに、プログラミング教育にも言及するなど、現代の保育・教育にまつわる諸問題を多角的に捉えて解説した待望の書である。

contents

こどもの心身の発達／教育課程／領域「健康」／領域「人間関係」／領域「言葉」と教育課程／領域「環境」／領域「音楽表現」／領域「造形表現」／教育・保育の方法論／障害幼児の指導／プログラミング教材を使用した保育方法,etc.

[編] 現代保育問題研究会
A5判　並製　142頁
定価（本体 2,000 円 + 税）
ISBN978-4-86359-171-4

現代保育内容研究シリーズ 3
保育をめぐる諸問題

近年、子ども園など保育施設の成立や無償化、またプログラミング教育や英語教育など学習内容の変化は、めまぐるしく展開している。本書は、その変化の本質に迫る一書である。

contents

保育内容「健康」／日本語の面白さと豊かさ／「友達」をめぐる幼保小連携／子どもと保育者にとって今、必要とされる環境／幼児の情動や自己制御力の発達とアタッチメント／保育者に求められる子ども家庭福祉への理解と社会的養護／教師論・保育者論,etc.

[編] 現代保育問題研究会
A5判　並製　146頁
定価（本体 2,000 円 + 税）
ISBN978-4-86359-178-3

現代保育内容研究シリーズ4
保育をめぐる諸問題 II

本書は、幼児の箸の持ち方をはじめ、特に幼児時期の主体性をテーマに詳細に分析した、幼児教育にかかせない内容を含んでいる、保育職・教育職を目指す者をはじめ関係者必読の書である。

contents

幼児の「箸の持ち方・使い方」の実技調査から見えた課題／用箸運動をめぐる諸問題／幼児の体力・運動能力における運動経験のあり方／造形と表現／保育所における幼児教育／「主体的・対話的で深い学び」を育む保育実践の探求 ,etc.

[編] 現代保育問題研究会
A5 判　並製　140 頁
定価（本体 2,000 円 + 税）
ISBN978-4-86359-190-5

現代保育内容研究シリーズ5
保育をめぐる諸問題 III

本書は、近現代における保育・教育の歴史と思想、乳幼児の心身の健康を育み培う生活と遊び、幼児・保育内容の変遷とその背景、質の高い保育者の養成などから構成されている。

contents

近現代における保育・教育の歴史と思想―保育者がなぜ歴史や思想を学ぶのか―／乳幼児の心身の健康を育み培う生活と遊び―自然との触れ合いを豊かに―／幼児教育・保育の内容の変遷とその背景／保育を担う質の高い保育者の育成をめざして ,etc.

[編] 現代保育問題研究会
A5 判　並製　132 頁
定価（本体 2,000 円 + 税）
ISBN978-4-86359-255-1

現代保育内容研究シリーズ6
保育・教育の実践研究
―保育をめぐる諸問題 IV―

本書は、幅広く現代の保育・教育問題を扱っているため、各講義・演習科目の主たるテキストあるいはサブテキストとして使用可能。

contents

今、求められる保育内容―保育内容の過去・現在・未来―／質の高い保育・幼児教育実践の探究／スキャモンの発育曲線と子どもの身体発達／乳幼児における睡眠習慣の諸問題／幼小接続期の保育・教育と児童文化財 ,etc.

[編] 現代保育問題研究会
A5 判　並製　148 頁
定価（本体 2,000 円 + 税）
ISBN978-4-86359-267-4

現代保育内容研究シリーズ8
現代保育の理論と実践Ⅱ

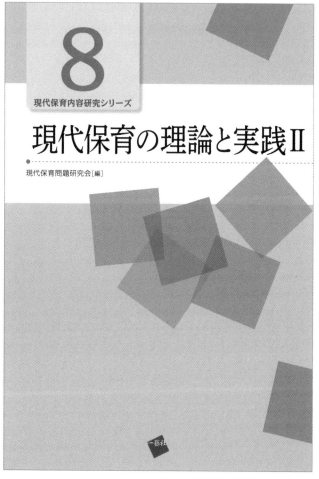

2018年の創刊から続く「現代保育内容研究シリーズ」の第8弾。保育者を養成する大学や専門学校などの教壇に立つ8人の執筆者が、子どもたちを取り巻く保育・教育問題について、それぞれの立場から論考。「食育」「カリキュラム・マネジメント」「心の理論」などのトピックを取り上げる。

contents

子どもの食と食育の実践／インクルーシブ教育・保育の現在地／今、求められる保育・教育のカリキュラム／乳幼児期における共感性発現場面の分析／発達初期の自閉スペクトラム症の子どもと親を対象とした早期支援プログラムAPPLEの開発

［編］現代保育問題研究会
A5判　並製
112頁
定価（本体2,000円＋税）
ISBN978-4-86359-277-3